你不知道的大清後宮真相

林月——作

推薦序

若要保得性命在，後宮婦黑助你過

暢銷書人氣作家 螺螄拜恩

九零年代以降，清宮劇便是兩岸三地翻玩流轉之熱門題材，兒時我們看著《還珠格格》長大（父執輩可能嗑著瓜子看《雍正王朝》），年紀漸長，電視圈也進入宮鬥劇黃金年代，從《金枝欲孽》、《美人心機》到《步步驚心》，以及大紅大紫到連老爸都戴起頭飾故作妖嬈之《後宮甄嬛傳》，和目前播放量上億的《延禧攻略》與《如懿傳》，其火紅熱門程度彷彿吳三桂不開城門，改開心門，任由清軍二度入關，諸位眉目俊朗之蛋頭阿哥與多情風流的皇帝御駕親征，斬獲無數女性觀眾芳心。

然而，為迎合觀眾喜好或行事從簡，這些排山倒海而來的清宮劇可能挾帶大量扭曲、編造過的不正確歷史知識，從而令觀眾產生錯誤認知或刻板印象，比如腳踩盈盈花盆底、身著旗裝、頭戴璀璨珠花之大拉翅髮式，大概是最令人熟知，一般人對清代嬪妃之印象。

想想《還珠格格》裡，「皇上，您還記得大明湖畔的夏雨荷嗎!?」之楚楚動人紫薇和蹦蹦跳跳的小燕子，頭上皆戴著讓人頸部椎間盤突出之人美花大惢旗頭，即知訛誤概念深植已久。事實上，大拉翅髮型直至清朝晚期才開始流行，清初盛行的是有益頸椎健康的小兩把頭，下班後，你還可以在左右抓髻各掛一袋陽春麵和紅茶，如此雙手就能空出來騎腳踏車了（胡說什麼！）

做爲一本勵志匡正錯處、矯正清宮劇歪風的歷史讀物（其實人家沒那麼大志向），《你不知道的大清後宮眞相》以輕鬆幽默、略帶嘲謔的語氣，從清朝後宮女性角度出發，佐以大量史料，以史書新說之方式，詳細解析諸般宮規典制、選拔秀女過程、侍寢制度、紫禁城美食特輯，以及一六七三年十五位妃嬪示範夏季髮型新潮流與獵男七日穿搭術。其中甚至包含手把手傳授之宮鬥教學、掌握同僚與上司心理之人際關係心法，以及敵明我暗之潛規則大全，妥妥的就是一本避免後宮綜合抑鬱症，令後宮女性爭相傳閱、抄寫之「後宮生存法則」，若不小心沾污書頁，可要仔細了你的皮，皇后娘娘還等著讀一讀呢（用玳瑁嵌珠花翠玉指甲套輕輕刮過臉頰）。

而身為現代人的我們，除了能從本書汲取歷史知識、體會當時民俗風情、感受四角高牆內後宮生活之苦樂雜陳，亦可理解許多看完宮鬥劇後的不解和疑問，譬如：迎娶皇后的婚儀制度如何進行？《延禧攻略》中的繼后，史實上的清高宗繼皇后輝發那拉氏為何割髮斷情？什麼是鐵帽子王？為何皇后的冊寶如此重要？何以「包衣」看來卑賤，卻非一般人想當就能當的。

本書有部分史觀看法較片面，然當作一本歷史類的入門普及讀物綽綽有餘，視為一本富含趣味性的「後宮生存指南」更是大大有幫助。甄嬛曾言：「在這後宮中想要升，就必須猜得中皇上的心思；若想要活，就要猜得中其他女人的心思。」有朝一日，若你不小心穿越到清朝，切記隨身攜帶《你不知道的大清後宮真相》，此乃出門在外、居家旅行、殺人滅口，必備良書。以免除落入被賜三尺白綾、被推進池裡、被杖斃、被紅花打胎、酒內被注入鶴頂紅、被天雷擊中、被滾燙鐵水澆身等悽慘處境。須知宮裡死法百百種，推陳出新不嫌多，若要保得性命在，後宮婦黑助你過呀～助你過～（打響版）

前言

真相總令人幻滅

近幾年，隨著各種穿越電視劇、穿越小說的狂轟濫炸，很多女孩常常會四十五度角仰望天空幻想：

一道電閃雷鳴之後，自己就穿著超短裙和高跟鞋，背著單肩小包包，目光迷茫、一頭霧水地站在幾百年前的紫禁城中，然後迎頭撞上個帥帥的四阿哥、八阿哥之類的人物，再在大清後宮翻雲覆雨地鬧騰一番，所有的阿哥、親王，甚至皇帝都拜倒在自己腳下，那人生履歷眞可堪稱完美了。

可是，你當眞以爲，看幾部諸如《後宮甄嬛傳》、《步步驚心》之類的電視劇，就眞的瞭解大清後宮了嗎？

你以爲只要長得清純點、漂亮點，就可以把皇帝或者這個王爺、那個阿哥迷得死去活來顛倒乾坤了嗎？

你以爲只要皇帝喜歡你，你就能夠「獨步江湖」，什麼也不用擔心，什麼也不用害怕了嗎？

你當眞以爲清朝的這些個皇帝，智商不怎麼地，任由幾個沒讀過多少書，整天張羅著梳妝打扮、坑蒙拐騙的女人任意擺佈嗎？

你眞的認爲以你的情商、智商，一定可以在大清後宮這種地方縱橫捭闔、步步高升，且安然無恙地終老嗎？

不好意思，我得先給你頭上潑一盆冷水清醒清醒。

姑且不說這後宮之中到底誰最大，到底是不是得寵愛者得「天下」，你那於電閃雷鳴間遁入紫禁城的可愛想法就完全不切實際，「穿越歷險記」只存在於影視作品中，當眞到了大清後宮，你會發現一切都和想的不一樣。

好了，埋了太多伏筆，想說的道理只有一個，很多東西只是看上去很美罷了，實際上往往相差十萬八千里。

爲了證明自己的話不是危言聳聽，也不是誤導各位小主的價值觀，故成就此書，進獻給小主們，讓您眞眞切切地看看，該怎樣堂而皇之地走進紫禁城中，又該如何在這個四角高牆內生存下來，並且一步一步往上爬。

不過，鑒於本人能力有限，不能保證所述事實面面俱到，頂多能提供六成參考罷了。要是你喜笑顏開地抱著這本書來到大清後宮，不小心「遭遇」那沒學習到的四成事件，我只能說聲抱歉了。您哪，就隨機應變吧！

目錄

第 壹 章

想要入宮先選秀

如同婚姻是個圍城一般，紫禁城其實更是一個天大的圍城。在這座看似巍峨壯麗的皇家之城裡，不知上演過多少悲劇，發生過多少冤案，有多少孤魂野鬼在半夜淒淒慘慘地盤旋，無法魂歸故里。然而，這裡同時是令人豔羨的，享受不盡的榮華富貴，亮瞎眼的綾羅綢緞，還有權傾天下，殺人於無形的至高權力。

因此，在外人眼中，這裡便成了最神祕的地方，也是最令人好奇和嚮往的地方。無數女人揣著不一樣的目的擠向這裡，夢想一朝得寵，一生榮耀。然而，待到眞正置身其中，也許你會發現，每一天的日子都如履薄冰，稍有不愼，便會身首異處，成爲飄蕩在紫禁城上空的又一縷冤魂。但倘若眼夠明，心夠亮，爲人處世夠有手腕，又可能成爲後宮中的佼佼者，享盡尊榮。

事實證明，高回報伴隨著高風險，因此，「入宮須謹愼」。

參選資格，是女人都得拉出來遛遛

如果按照「皇帝很忙」來給中國歷代皇帝排序，相信康熙皇帝一定榜上有名，因爲這位清聖祖仁皇帝不但在位時間長，爲國家做的貢獻多，整日忙於朝政不可開交，在繁衍子嗣方面也是非常勤力的。他在位的時候，光是有名有姓有封號的女人就有五十五位，更不要說那些被他信手拈來又很快忘記的女子。最後數數，他這麼忙也是收穫頗豐的，一輩子共生了三十五個兒子和二十個女兒，快趕上產兒大戶宋徽宗了。

雖然康熙很忙，但這份爲他生兒育女的福分也不是誰都能有的，寬闊紫禁城，抬頭四角天，想要出來不可能，想要進去也不容易。

不過，女子生在清朝還算是幸運的，至少比之前任何一個朝代都幸運。在以前，一聽說皇帝要選秀，指定區域的未嫁女子便一個個嚇得花容失色，得趕緊找個男人把自己「處理」了，免得進得宮中永無出宮之日，連快樂的滋味都要徹底忘記。到了清朝，選秀制度規則較爲完善，且執行起來有條不紊，這就大大避免了「民被擾」的煩惱。

但，這只是針對漢族女子而言。

如果你「有幸」是位八旗女子，那麼恭喜了，你從出生就注定要參加這全國性的重大活動——選秀。

爲什麼漢人不能參加選秀，旗人必須參加呢？

追究起來，這也和社會制度有關。

在清軍入關之前，雖然已經脫離了農奴制，但顯然沒有得到根除，八旗的旗民們對於最高統治者都有一種人身依附的關係，而最高統治者也將八旗旗民視作自己的私有財產，因此，皇帝才能優先享用自己的「私有財產」，除非皇帝實在看不下去，不感興趣的女子，且已經在候選名單上確認「註銷」的，才有權嫁與他人。

這個意思就是，只要你是八旗女子，不管長相多麼對不起觀衆，總是要過這一關的。當然，太醜的人很可能去了就被淘汰，只不過走個過場而已。這個過場是必須要走的，否則，你和你全家就要大禍臨頭了，具體是什麼禍事呢，《欽定大清會典事例》裡面會告訴你：「分別議處」。

當然也會出現這樣的可能：漢人家的女子，明知自己沒有入宮的命，卻眼光高於頂，全天下就看上了皇帝這麼一個男人，非常想嫁給皇帝怎麼辦？

按照正規的官方管道來說，兩個字：不行！至少在滿漢通婚之前是不行的，漢人在當家作主的滿人面前，根本就是「亡國奴」，怎麼有資格入主皇家呢！

不過慢慢地，當大清皇帝們感受到，他們從偏安一隅的白山黑水之地，挪騰到這偌大的北京城，掌管從南到北泱泱幾百萬平方公里的土地，沒有漢人力量的支持是不行的。因此「滿漢通婚」才被提上了議程。但這個「漢」，也是有講究的，必須是漢軍旗的人。

何謂漢軍旗呢？早期的漢軍旗是由遼東等地被滿洲統治的漢人組成。皇太極最初建立漢軍，下令從所屬的滿洲八旗的漢人壯丁中，每十人抽出一名組成一旗漢軍。隨著軍隊的發展，把漢軍擴爲八旗。要是漢軍旗的人繼續立功了，就能夠抬爲滿軍旗了。隨著身分地位的提高，其家中女兒也就具備了進宮選秀的資格。

還有一種漢人女子要參加選秀的方式是非官方的，說白了就是「造假」。這又分不同的情況了，比如滿族男子和漢族女子互生情愫還生了女兒，十多年後眞心想把這個女兒送進宮選秀，就得提前打好主意了。這男人家裡的大老婆得擺平吧，得讓人家心甘情願認了這個私生女，才好把女兒的名字寫進戶口冊裡，隱瞞一半漢人血統，成爲這一家的人。

另一種情況就更危險了，直接冒名頂替，代替某個滿人家的女兒去參加選秀，用別人的名字，稱呼別人的爹娘爲爹娘，最好徹底忘記自己是誰，完全進入角色。

當然，造假不分輕重，一旦被發現，那罪過可就大了去，不是當眞國色天香且對「成爲皇帝的女人」充滿無限渴望的女人，絕不敢如此鋌而走險。

選秀啦！大家排好隊，我們要挑人了

那麼，旗人選秀究竟有些什麼規矩和講究呢？

普遍認爲選秀是三年一次。但實際上，清朝的選秀分爲兩種，一種爲三年一次，一種爲一年一次。

這三年一次的，選擇範圍小一些，爲八旗中官員家的女兒，年齡在十三至十七歲之間，經過層層篩選之後，會被帶到皇帝面前，由這位最高統治者親自挑選，喜歡的，帶回後宮慢慢溝通感情和商討傳宗接代的大事；沒感覺的，可以爲王公貴族增加點福利，指個婚什麼的。

這過程說起來簡單，但眞正操作起來，還是非常繁冗的，主要這也是皇家的事情，不得半點馬虎。

首先，由戶部官員翻著各種皇曆，掰著指頭計算天干地支等等，確定出一個適合選秀的好日子，然後行文，通俗點講就是寫一個公告，再抄寫數十份，發往八旗的二十四都統、直隸各省的八旗駐防以及外任的旗員。

接到通知的各級官員，要進行的工作就是將家中適齡女兒的詳細個人檔案整理出來往上呈報，這個工作要由參領、佐領、驍騎校、領催以及族長逐一具結呈報給都統，然後匯總到戶部。戶部就要挑選好日子，再次行文到旗，這一次的行文就是一個通知，告訴各家人，你們要於某年某月某日，帶著適齡的秀女入宮參加選閱。

接下來，這些秀女就在指定日子，收拾打扮、淡妝素裹，由參領、佐領、驍騎校、領催、族長、秀女本人的父母，或者親叔伯父母兄弟的妻子送到神武門去排隊。這去排隊的時間很重要，必須是半夜三更的時候。所以，你要是怕到時候熬不住，最好前一日多睡會兒。要是怕餓了，那晚飯就多吃點兒。

可能你要問了：「大姑娘家的，你讓我走著去呀？」放心吧，宮裡頭挑秀女，也是講究體面的，每人配騾車一輛。到了神武門將你放下之後，騾車是不能停在原地等候的，必須駛開。而且紫禁城中有一個規矩，「不走回頭路」，來到神武門，就不能再順著原來的腳步折回去了，必須從神武門夾道出東華門，由崇文門大街繞到北街市，然後到達後門，再進入神武門。這麼做的目的，一來是遵循行車的規矩，二來得等等你呀，萬一落選了，好直接將你拉回去嫁人。

下車之後，定會看見黑壓壓一大堆女子，大家都在等待著決定自己命運的時刻。這一等，就要等到雄雞破曉，然後就能看到宮裡的太監尖著嗓子來喊人了，他會讓大家排好隊，然後引著一幫妙齡女子穿過神武門的門洞，到達順貞門外等候挑選。

這就可以見到皇上了？

別高興得太早！舉國上下那麼多的秀女送過來，而且品質良莠不齊的，你想讓皇帝自己來一一驗看，他老人家哪有這個工夫！耽誤朝政不說，這百花看多了也是會膩的。因此，這個步驟都是由太監首領來主持工作，你和你的小姊妹們會被分成五人一組，到太監首領面前，由對方逐個驗看。

這個分組依據是什麼呢？從順治選秀伊始，這依據就是你的身分證——「先滿蒙，後漢」。沒辦法，誰讓滿人執掌天下，當然是他們的民族優先應選了。

當然，選秀的時間也不是光聚在一天，大家都會累的嘛，即便是太監來看人，也同樣看不過來呀，於是便有了每天選兩旗的規定。先後順序也不是嚴格按八旗的排序，而是根據各旗送來秀女的人數，平均搭配。比如挑選正黃旗和鑲黃旗的秀女，那麼正黃旗下的滿族、蒙族和漢族分成三組，每組按照年齡排好順序，逐一進行挑選。

這裡頭其實就暗藏學問了，負責驗看秀女的太監首領可不是一般人啊（已經閹割的當然不是一般人，可我說的是他的權力）。在這件事情上，太監首領是完全說了算的，你就算國色天香、顧盼生輝、出水芙蓉大美人一個，也不能因此而驕縱過分，要是高高在上瞧不起那老太監，對不起，你的宮廷生涯就要因此而止步了。什麼，你說這不公平？要知道，這紫禁城就是普天之下最不公平的地方了，不是嗎？

而且，你根本沒搞清楚重點。以「萬惡淫爲首」的理論來說，選秀採用的基本依據並非容貌，而是「品德」和「門第」。這可是要嫁入皇家，不門當戶對點怎麼行？就算地位稍微低些，沒有門第怎麼行？身在宮中陪伴皇上，和那麼多的姊妹「爭風吃醋」，沒有一點不怒不爭的品德怎麼行？

不過後宮那些黑暗的宮鬥，不也是這些號稱品德高尚的女人鬧出來的？人總是會因爲環境而改變，回想一下你十三、四歲的時候，不單純得像一張白紙似的？

因此，如果你在太監首領初步驗看時就表現得「沒有品德」，得罪了對方，那你就死定了。不管你長得如何沉魚落雁閉月羞花，面相師都可以說你面藏凶相或者剋夫相，結果不難猜，你就等著收拾東西回家嫁人吧，也許因爲這「剋夫相」的定論，搞得嫁人都困難也說不定。

看完了面相就要看身材，這只是初步驗看，主要就是看看穿著衣服的時候是否正常，有沒有弓腰駝背，還有是不是太高或者太矮，站在皇帝身邊是否搭調。要是皇帝只是個一六〇高的小個子，相信任哪個工作人員也不敢爲皇帝挑選一個一八〇大個兒的秀女。

第一環節通過之後，就要進入第二個環節——驗身。這個環節有兩個工作重點。第一，看看此女子是否爲處子之身；第二，看看此女子身體上面是否有缺陷。這個環節就是全裸上陣了，因此不管你是多麼含蓄的大家閨秀，一樣要赤身裸體，忍受嬤嬤們用各種量具在你身上比劃，三圍、頸長、臂長、腿長……那些你引以爲傲的優點或者不爲人知的缺點，全部幻化成一組組冰涼的數據資料記錄在案，供內監的人參閱。

這個環節通過之後，就證明你通過初選了，這樣才有資格站到皇帝、皇后和太后面前進行複選。

那麼一番繁冗的工作，其實歸結起來就是兩部分，第一是通知舉國上下的臣民，所有適齡的、地位符合選秀的人家，可以給女兒準備起來了。第二就是把秀女的個人檔案建立起來送到宮裡面留存，算是一個身分的認可和證明。如果選秀那天實在沒有什麼「建樹」，就回到等著你的騾車上，回家自行婚配吧。

但也可能出現這樣的情況：恰逢選秀期間，你卻生病了，不宜出門傳播病毒，怎麼辦？別著急，自然會有人幫你辦好手續，等到三年後再次送選。總之，不過皇帝的眼，你休想做別的打算！當然也有例外，如果你體質非常羸弱，一到選秀的時候就大病不起，熬過了兩屆選秀，年齡超過十七歲，就可以自動棄權了。

還有一種情況：你可能天生帶點殘疾，並不適合入宮陪伴皇上，這一來可能會令龍顏不悅，二來遺傳基因也不好。可別以爲就沒什麼事兒了，你想因爲殘疾得到國家的優待，怎麼也得有個證明吧。

於是，趕緊上報族長呀，然後需要族長、領催、驍騎校、佐領等官員層層留檔上報，最後呈送到各旗都統面前，說明原因，再由都統報到戶部，戶部呈給皇上，直到皇上自己大筆一揮，你這「殘疾證」才算坐實了，可以不用參加選秀了。

現在各個電視臺層出不窮的選秀節目，靈感大概也得益於古代選秀女的制度吧，既然是「選」，就不可能一次到位，總是要有初選和複選的。

通過初選的秀女，稱爲「記名秀女」，也就是登記造冊了。記名的時間一般爲五年，在這五年中，該秀女是屬於皇家的財產，不能私自聘嫁。除非在複選的時候被淘汰了，那便重新擁有了自由之身。不過，也有一種人就非常倒楣，身爲應選女子，已經被選中了，但遲遲沒有機會參加複選，以致記名之期已過，那就自認倒楣吧，因爲按規矩，這樣的女子只能終身不嫁了。

覺得規矩太苛刻，沒有人情味？或者法不外乎人情，關係到位還是有例外的？那可不一定，且看乾隆年間，兩廣總督馬爾泰女兒的事例便可一窺全豹。不知道什麼原因，馬爾泰的女兒年逾十七卻從未入選，這大閨女候在家裡，宮入不得，人嫁不得，馬爾泰老爹著急啊，於是上書乾隆皇帝，希望皇帝能開恩，讓自己女兒得以嫁人有個歸宿，沒想到乾隆皇帝將奏摺一扔，即命人傳話，把馬爾泰大大申斥了一番。請求也就自動駁回了。你看，號稱「十全老人」的乾隆爺，著實不願在女人的事情上壞了規矩。

初選過後，便是複選。這次就是由皇帝以及皇太后親自來挑選了，如果皇帝已經大婚了，那麼皇后自然也要陪伴著皇帝共同來爲自己挑選「情敵」。這個過程其實比較簡單，一般選上來的秀女，不會輕易再淘汰出去了，因爲她們即使長得不怎麼樣，也算是有品德有門第的，各方面外在條件都基本符合，皇帝當然也不願因爲不喜歡那個女子，就輕易地去得罪她背後的龐大家族。畢竟，皇帝也是要靠群臣支撐的。

那不喜歡怎麼辦？好辦啊，指婚給親王就是了。這樣既不爲難自己的眼光感受，也做了個順水人情。

當然，不同的皇帝當朝時，選秀的細節也還是會有差別的。很多皇帝也會不辭辛勞地在秀女入宮參選時，就坐在體元殿中，故作神祕地瞇著眼睛，幹著留牌子或者撂牌子的「勾當」。

那麼，這一年選一次的秀女又是什麼情況呢？

這次波及的範圍就要廣一些了，主要是爲了增補後宮的工作人員，因此秀女可以從內務府所屬的上三旗中挑選包衣人家的女子。這些女子自然沒有資格讓皇帝親自來挑選，要求也低很多，只要年滿十三，不瘸不殘，長得不要那麼抽象的，一般都能入選，反正進宮也是做宮女伺候主子。

不過，當什麼樣的宮女，伺候哪位主子，命運都會出現極大的差別。如果伺候一位出鏡率較高的主子，那麼接觸皇帝的機會也比較多。大家都知道，皇帝都是花心的，即便心不花，眼也是花的，說不定哪天醉眼朦朧地就看上嬪妃身邊的小宮女，摟過來一番臨幸，小宮女很可能飛上枝頭變鳳凰，要是再一朝得子，說不定還能凌駕於曾經的主子之上。所以宿命這種事，誰都說不準。

如果沒有得幸於皇帝，其實從另一個角度來說，也算是一種幸運，因爲只要平安熬到二十五歲，便可以達到「退休年限」出宮去嫁人了。不過，也不要高興得太早，這也是紙面上的規矩。宮女在深宮中的命運是外人所想像不到的，想要出宮，那也得活得到這個年歲呀……個中淒涼，我們放到後面再慢慢說。

端茶倒水洗衣做飯，打不還手罵不還口

前面說到一年一選的秀女，是從內務府所屬的上三旗的包衣中挑選。什麼是「包衣」呢？這是個音譯詞，其實就是家奴的意思。「一代為奴，代代為奴」，這在封建社會是鐵的定律。因此，奴才家的孩子，也要送進宮裡當奴才。

一開始大家都遵從祖制，不管是皇后，還是伺候人的奴婢，統統以「選秀女」的方式入宮。可是，秀女和秀女之間的政治地位是截然不同的，後來為了區分，到了清朝後期，包衣三旗的女子入宮就不再稱為「選秀女」了，而叫作「選宮女」，或者是「引見包衣三旗使女」。

你肯定會說了：「誰願意進宮當奴才啊，要我選，肯定只選擇做一人之下萬人之上的皇后！」可天底下要是人人都能當皇后，這皇后也就沒什麼稀奇了。皇后只有一人，而後宮女子千千萬，什麼樣的人有什麼樣的命，也是掙扎不得的。即便你眞的榮登皇后寶座，難道身邊不需要人伺候嗎？難道不需要有一兩個忠心耿耿而且耳聰目明的宮女，替你辦諸多踩線的事情嗎？再說了，你這也是站著說話腰不疼，要是出身名門，自然也是成嬪成妃的命，可宮女她本來就出身卑微，而且很多都是窮苦人家的孩子。這孩子入了宮，不但能省下家裡的口糧，而且年滿二十五還能帶著點微薄的銀子（十兩）回家，對家裡也是一種貢獻（美好的願望），因此很多人家還是願意把女兒送進宮裡當宮女的。

於是，宮女不可小覷，還是得細細認識認識。

先說說選宮女這件事情，同樣由內務府負責，這裡頭也是有一系列章程的。

首先，要由盛京總管內務府會計司負責製作備選宮女的花名冊，然後排單進呈。待到京師行文的時候，便齊聚京師備選，進京所花的車馬費，則由廣儲司派發。

不要覺得只是選個宮女進宮幹活兒，無所謂其他，只要手腳齊備且利索就行了。大清是講究的朝代，宮女也需要根紅苗正，尤其是侍奉那幾位重要主子的，光從采選的規矩中就能看出端倪。

備選的宮女要求必須穿正裝，即旗裝，「時俗服飾」，也就是說漢人的那種寬衣大袖子的衣服是不准穿戴來參選的。好，采選時間到了，備選宮女們就得排好隊、精神抖擻地在順貞門外站好。這時候，國家公務員出場了，他們有的負責在神武門內朝房兩旁拉好繩牆，有的負責維持秩序，有的負責點名，讓備選宮女們順著繩牆排好隊，雖然人多，但步驟有條不紊，絕不會混亂。

於此同時，送這些姑娘來的車子和她們的家人都排隊在神武門外等候著，沒被選中的女子就可以出來直接回家了。當然，回家之前也得守規矩，車有車道，不走回頭路，車子排好隊往出口走，誰也不許插隊往前跑。

選宮女的第一關，實際上門檻並不高，只要不是眼歪嘴斜、缺胳膊少腿、說話不俐落的，基本都能被選上，可話又說回來了，被選上宮女有什麼可稀奇的，注定半生苦楚罷了。

這一關過了之後，才眞正知道這深宮內院的可怕。首先，新來的小宮女們都要參加考試，「試以繡錦、執帚一切技藝，並觀其儀行當否」，考試及格的，留宮錄用，考試不及格的，那就不好意思，出宮去吧。

出宮去的命運如何我們暫且管不著，先說說這考試及格的。你讀書的時候，暑假前的那次考試及格了，是不是就意味著升級啦？宮女也一樣，初級的活計會做了，就要升到中級，「教以掖庭規程，日各一小時寫字及讀書，寫讀畢，次日命宮人考校，一年後，受以六法。」這些參加學習的孩子中，成績較爲優秀的，就有機會當上班幹部了，在後宮中稱爲「女官」。

不過在此之前，還有很多事情要完成。

首先，入宮後第一件事情就是要剃頭洗澡。宮裡人避諱，很怕你把什麼蝨子、跳蚤或什麼傳染病的帶進宮裡來。這次剃乾淨了之後，才能慢慢把長髮蓄起來。

其實，這學習也是件非常艱苦的事情。先說這授課老師，那都是宮裡面的老宮女了。經驗和脾氣都是「滿血」狀態。她們屬於什麼情況呢？基本都是年滿二十五後，因爲各種原因沒能出宮，注定一輩子得待在宮裡的人。需要注意的是，這些人並非表現不好，被懲罰留在宮中的，而是表現非常好，深得這個或那個主子喜歡，特別「賞賜」留在宮中的，這可是「厚恩」哪。

不過在這些老宮女心中，並非都是心懷感念的。她們年輕時候苦苦煎熬，忍氣吞聲忍辱負重，小心謹慎地活著，攢了不多不少的嫁妝，滿懷對未來生活的憧憬，卻在二十五歲時灰飛煙滅。從此不再想宮外之事，只能想著怎樣繼續在宮裡好好活著，自然是憋了一肚子的委屈和憤恨。現在，一批少不經事的小宮女交到手中來調教，端著自己活那麼久的實戰經驗，再加上長期壓抑到已經扭曲的心，試問有哪位姑姑會是慈眉善目的？動輒打罵那是常有的事情。何況，她們本來就是要教新來的如何去伺候主子，在沒接觸到主子之前，先得把她們伺候舒服了吧！

不過這些姑姑雖然大多脾氣很差，但「嚴師出高徒」，調教出來的宮女也都算得上機靈懂事，未見主子面，就能把各宮主子的脾氣性格、個人喜好摸個八九不離十，這就避免了以後因爲伺候不好觸怒主子而帶來的生命危險。如此看來，姑姑雖可惡，卻是你「後宮生存法則」的第一任導師，如果沒有她們，不知道要枉死多少不諳世事的少女。

新來的宮女過得了姑姑這關，基本就可以上崗服役了。

史料曾有記載：「乾清宮置夫人一人，秩一品；淑儀一人，秩二品；婉侍六人，秩三品；柔婉十二人，芳婉二十人，俱秩四品。」這些人各司其職，有條不紊地工作著。可是到了大清，因爲有了「內務府」這個機構，實際上宮內的人事、財物、禮儀以及衆人的各類雜事都由他們管，女官這個職務就沒有多大實權了，可謂形同虛設。

可是，在宮女之間，依然存在著非常嚴格的等級劃分。要是學習成績好，而且人也長得靈光，那有可能會被分到有地位的主子那裡，比如皇后、皇太后或者貴妃什麼的。要是呆呆笨笨的，可能就被分到勞動單位，比如浣衣局、辛者庫什麼的，那都是幹體力活兒的地方。

你可能會覺得不屑，「這有什麼嘛，地位越高的人，不是脾氣越大，越牛氣，越難伺候嗎？所謂伴君如伴虎，不如躲得遠遠的，幹點其他活路熬到能出宮的日子多好！」可是「狗仗人勢」這句話是什麼意思來著？也許這麼說有點不好聽，那來點文雅的，比如「背靠大樹好乘涼」，意思就是要是靠上了一個地位高的主子，出門的時候也風光，辦什麼事情的時候也便利，很多人都要看你的臉色行事，這種高高在上的感覺，不得不說是四角高牆內，唯一能讓人有存在感的方式了。

按照宮裡的規矩，地位不同的主子，身邊宮女和太監的編制是不一樣的。在康熙朝就立下了規定，皇太后配有十二名宮女、皇后配十名、皇貴妃和貴妃都配八名、妃嬪配六名、貴人配四名、常在配三名、答應配兩名。雖然宮規典制上是這麼規定的，但實際上並沒有如此嚴格地遵循制度。皇帝多寵愛誰一點，也可能多給這位主子派些宮女，生怕伺候不過來的樣子。

這些主子身邊的人選分定了以後，剩下的宮女就會被分配到宮裡其他部門做活兒，這個分配完全由內務府負責。在大清後宮，宮女的工作崗位是流動性最強的，誰要是稍微犯了點小錯誤，就有可能被主子責罰，扔到「洗衣房」整日漿洗衣物。這還算是輕的了，萬一觸了霉頭，替這個姑姑或那個太監頂罪，那真是死得冤枉又不得不死。

當然還有更慘的，莫名其妙就死了。比如在道光年間，「某夜，宣宗在乾清宮，盛怒，厲聲呵斥，立召値班侍衛王某入宮門，授以寶刀，令一宮監帶至某宮第幾室，於床上取一宮眷首覆命，不知其爲何事也。」這可憐的宮眷白白在睡夢中丟了性命，直到幾百年後，也沒人知道爲什麼。

饒是如此，還是很多人爭搶著想到地位高的主子面前伺候，所謂風險越大，投資回報率越高。不長眼的可能因爲這樣或那樣的原因斃命，但也有一些靈光的，在無數忍辱負重的日子中挺了過來。這樣能夠獲得的好處如下：

第一，月例銀子可能達到二十兩。這還是賬面上的數字。

第二，胭脂水粉無數，都是定期到內務府去領，你若是個紅主子面前的紅人，就能領到最好的，應該就是海洋拉娜（LA MER）和雅芳的區別吧。

第三，能有無數的灰色收入。比如今天哄得主子高興了，一支掉了一顆珠翠的奢華簪子就順手賞給你了。你不能戴它，但可以透過其他管道悄悄送出宮去賣錢。

第四，有可能直接獲得皇太后或者皇后的恩寵，爲你的母家博得富貴。雖然這個機率是非常低的，但這事兒就像買樂透一樣，饒是五百萬遠在天邊，眼前滿世界炮灰，依然有人前仆後繼地去樂透投注站送錢，渴望成爲炮灰中那個永生者。

第貳章

閉關培訓，嬤嬤很忙

有道是「伴君如伴虎」，伺候皇帝可不是件容易的事情。皇帝高興了，賞你金山銀山都不為過。但要是不高興了，隨便找個理由，你就看不到明天的太陽，這種事也是有的。因此在皇帝面前，人人得加倍小心，抖擻精神，一方面呵護自己的小命，一方面也表示對皇帝的尊重。

可是，初來乍到的秀女，連皇帝的面都沒見著，如何去瞭解皇帝呢？這就需要有人不遺餘力地將自己積攢的經驗教給你了。這位老師要是盡心盡力，而你又聰明好學，就可以在短時間內瞭解後宮中的關係網以及嚴苛的規矩。但要是仗著自己是主子，而且有個位高權重的爹就趾高氣揚，難保這不用心的老師會教出怎樣的學生。

無論如何，既然已經入宮，就要向前看，學規矩，學禮儀，學人際關係，學得把自己變得不再像自己……借用《後宮甄嬛傳》中的一句話：「在這後宮中想要升，就必須猜得中皇上的心思；若想要活，就要猜得中其他女人的心思。」

走穩了，站直了，跪好了——行禮的規矩

大清是中國最後一個封建王朝，雖然是少數民族一統天下，但在維護封建等級制度和宗法制度上，滿人和漢人在骨子裡並沒有什麼區別，都講究皇權至上。那麼如何來維護這個皇權呢，一來不外乎制定宮規典制和律法，二來就是嚴苛的禮儀。

在前朝，大臣們如何向皇帝行禮，這裡就不贅述了，反正整天守在後宮，也沒有機會去見識那些。但在後宮中，禮儀同樣也是重中之重的項目，新入宮的秀女在分配到東西各宮之後，就會有專門的嬤嬤負責教習，主要就是教宮裡的各項規矩，讓你能夠大方體面地活在這裡。

有人教的時候就要好好學，要是上課開小差，哪裡沒有記住，等到將來不小心丟了性命，可不要怪嬤嬤們工作不認真。

在上第一堂課之前，還是應該先打個岔，交代一下各位小主的住處，以及這

住處的由來。

在紫禁城中，不用說，只生活著一個正版的男人，他就是皇帝。剩下那些長著男人樣子的太監，大家都知道算不得眞正的男人了，因此可以在提到男人的時候忽略不計。那麼剩下的就是一大群女人，不管地位高低，反正都是女人就是了。當然，這些女人爲皇帝生下的皇子不算，總的情況就是：一大群女人圍著一個男人轉。

這位正版的男人，通常住在養心殿或者乾清宮。一來，這兩座宮殿都處在紫禁城中軸的位置；二來，這兩處都寬敞明亮，霸氣外露，實在也只有眞龍天子才降得住。

以此爲分割點，女人們就順勢被安排到了東西六宮居住。東六宮分別爲鐘粹宮、承乾宮、景仁宮、景陽宮、永和宮、延禧宮。西六宮則包括儲秀宮、翊坤宮、永壽宮、咸福宮、長春宮和太極殿。宮殿只有十二座，但後宮女子衆多，根本分不過來，因此很少有人能夠一個人獨享一座宮殿，因此，每一宮裡都有一個主位，她地位最高，有決策權以及懲罰權。

當新晉秀女全部確定之後，內務府即刻就會將名單整理出來，然後根據各宮居住的人數以及各位秀女的位分，來分配哪個人去哪個宮裡居住。內務府的分配是做在明面上的，名單調整好，便要送呈給皇后閱看，等皇后批准。

於是，事情開始有了潛規則的成分。一般情況下，在選秀的時候，皇后是同皇帝坐在一起看的，皇帝看上了誰，相信皇后心中明鏡似的。抑或這些秀女中就有皇后娘娘一眼看上去就十分不順眼的。還有一種情況是，這其中有皇后的親戚。那麼在閱看名單時，皇后就會行使後宮之主的權力，調換一兩個人，把自己想護著的人調換到好一點的宮裡去，把那些與自己非親非故，且很可能得寵的調換到其他宮中。

這情形就像《後宮甄嬛傳》中所演，寵冠後宮的華妃聽說皇帝對新入秀女甄嬛另眼相看，便動用自己協理六宮的權力，將甄嬛安排到了遠離養心殿的碎玉軒，這裡不但偏僻，而且一宮主位已經被打入冷宮，十分不吉利，妄圖用這種方式阻礙甄嬛的晉升道路。

題外話說完，接著說行禮的事情。

在後宮，日常的行禮大概分為四種：下跪叩首禮、下跪禮、道萬福禮以及頷首禮。其中最隆重的當然就是下跪叩首禮了。

下跪叩首禮是有嚴格分解動作的，即：一肅、一跪、三叩，還有就是六肅、三跪、九叩。從字面意思來理解一下，所謂「肅」，就是肅立；「跪」，即下跪；「叩」，即叩首，也就是磕頭的意思。那這「一肅一跪三叩」的行禮步驟連貫起來，就是先筆直站好，右腿向後邁一小步，雙腿同時彎曲，然後右膝蓋先著地跪下，左膝蓋跟著著地跪下，這個過程中雙手先要撩旗袍，保持在下跪狀態的時候，旗袍的前襟是鋪在地上而不是壓在腿下的，雙腿雖然在活動，但上身一定要保持平直，待到跪穩之後，雙手伸向頭前，同時俯身叩首，以前額碰地為準。三次叩頭之後，倒著行使剛才的順序起身，一次叩首禮就算完成了。當然，「六肅三跪九叩」就得重複三次這個過程，是最隆重的叩首禮。

下跪禮在晚清時比較盛行，究其原因，晚清宮中女子在穿吉服時，一般就不再搭配吉服冠，而是改爲帶鈿子。至於什麼是鈿子，後面的章節會詳細介紹，現在要說的是，鈿子戴在頭上倒是非常美麗，但對於人的活動範圍是有一定限制的，要求腦袋保持端正。因此，行下跪禮的時候就不再叩首，而是抬右手到腦後，扶兩把頭翅一下，這就表明我的頭和手是在一個水平線上了，和雙手鋪地再磕頭差不多。

道萬福禮源自古老的滿族禮儀，表達的是一種晚輩對長輩的尊重。行禮的時候，右腿向後邁一小步，兩腿相交，同時右手在上左手在下，兩手相扣，放到身體的左側，身體保持正直，然後下蹲，口中當然還要念念有詞「請某某安」之類的。

最後說說這頷首禮。顧名思義，頷首就是點頭，在四種禮儀當中屬於最低級別，適用於對待地位比自己低的人。

這禮怎麼行，共有幾種，相信你已經有所瞭解了。但問題是，這禮該對著誰去行？對於地位不同的人，行不同的禮的區別在哪裡？現在就來仔細說明。

先從皇帝這一輩說起，畢竟這輩人是後宮主流。對於皇帝那些還沒出嫁、待字閨中的姊妹來說，請安肯定也是不可避免的。尤其是對待中宮之主——皇后。雖然對於她們來說，皇后可能是她們的弟媳婦或者是嫂嫂，但人家是皇帝的正室，尊貴的地位擺在那裡，因此她們見了皇后，也得行道萬福禮。而皇后呢，行頷首禮回了就行。

皇帝的姊妹們雖然基本不參與後宮爭鬥，但置身這個大染缸中，還是懂得看人下菜碟，跟紅頂白的。雖然後宮位分有著嚴格的區別，可是得寵的和不得寵的，有孩子和沒孩子的，區別還是很大的。公主們見了得寵或有後嗣的嬪妃，通常還是會行個道萬福禮，這樣一來討好了對方，二來也避免給自己惹麻煩，萬一這寵妃不高興了給皇帝吹耳邊風，這樣就不好了嘛。但對於那些常年見不到皇帝的后妃，即便位高至皇貴妃，也可以用頷首禮敷衍過去，反正你都不得寵了，誰怕誰啊？

要是遇到貴人及其以下位分的女子，行禮順序就倒過來了，公主們就可以坦然地等著對方先給自己行下跪禮，再還以頷首禮就行了。因爲皇帝的這些女人，自貴人以下那是沒有什麼身分和頭臉的。除非你特許，否則只要她不行下跪禮，就是犯了大不敬之罪。

當然，地位高如皇太后和皇后，每天行頷首禮的時候就會比較多，尤其是皇太后，多年的媳婦熬成婆，終於可以坐在寬大的榻上接受所有人的跪拜，無須再向任何人跪下了（拜祭列祖列宗和菩薩時除外）。皇后也只需要向皇太后和皇帝兩個人跪下行禮。那麼在剩餘的妃嬪中，相信不難理解，按照地位往下推，總之，地位低的人要向地位高的人行大禮。

同輩人之間好理解，那麼晚輩呢？皇帝總不可能每個孩子都是兒子吧，總有一些女兒呀，這些公主們的地位如何呢？是不是所有晚輩都得向長輩行大禮？

按照尊老愛幼的傳統禮儀來說，晚輩向長輩行大禮是理所應當的事情。可是在嫡庶尊卑有別的封建社會，就未必是那麼回事了。按照嫡出和庶出的概念來看，皇帝的公主就應該分爲這兩類。除非皇后沒有誕育公主，那另當別論，否則，嫡出的公主和皇帝的姊妹們所遵循的行禮規則是一樣的。

但是庶出的公主就比較麻煩了。

首先，對皇后肯定要行下跪叩首禮，因爲這一位不但是長輩，還是後宮之主。

其次，對於比自己生母位分高的人，要行下跪禮。

再次，對於自己的生母也要行下跪禮，除非你的母親是某位主子身邊的宮女，被皇帝一夜情之後有了你，生下你之後又未得加封，而你又是個女的……聽起來眞的很慘，這樣的話，在外人面前倒是無須再向母親行下跪禮，關起門如若你想給母親磕兩個頭也是可以的，但一定要避人耳目。

最後，對於和自己母親位分一樣的嬪妃們行道萬福禮，對於位分比自己母親低的女子，行頷首禮或者無須行禮。這樣看起來雖然有些無禮，不過也沒辦法，即便你是庶出的，但也許你能做到乖巧可愛深得聖心，成了皇帝老爸的掌上明珠，那你在出嫁前橫行後宮是完全有可能的。妃嬪之間雖然善妒，但不會貿然地來害你，因爲你即便得到了皇帝的寵愛，卻和她們的利益不衝突。用今天的話說，那根本不是一條道上的！因此你不向那些或許連名字都叫不上來的常在、答應們行禮，實屬正常。

聲音要溫柔，語速要適中，請安要得當——說話的規矩

凌晨五點，按照自然規律，你睡醒了（因爲晚上睡得早，所以醒得早），負責值夜的宮女一聽到你翻身的動靜，立刻警覺地爬了起來，等到你睜開眼坐起來，整個寢宮就忙碌起來了，有人伺候你穿衣服，有人伺候你漱口，有人伺候你洗臉，有人伺候你梳頭……

是不是覺得很享受？有人伺候的感覺還不錯？的確是這樣的。不過你也知道，起這麼早並非閒來無事，按照宮裡的規矩，請安規矩大過天，你是得先去向婆婆

和「大姊」請安的。

一切收拾妥當，貼身侍女就跟著你出發了。如果婆婆，也就是皇太后還健在，並且精神矍鑠，每天經得起兒子這各宮嬪妃花枝招展的刺激，那照理是要先去向婆婆請安的。

進了門，先行一個下跪叩首禮，嘴裡念念有詞道：「給老佛爺請安，老佛爺吉祥……」這下完了，你光明的前途，偉大的夢想，即刻就要灰飛煙滅了……敢情你是毫不尊重史實的清宮劇看多了！為什麼呢？因為你說錯話了，或者說，你這請安語完全放低、錯亂了自己的身分。

在這句簡短的請安語中，共用錯了兩個詞語，第一就是這個「老佛爺」。「老佛爺」這個稱呼的出現應該是清末時，是宮裡一些內侍太監們私底下對慈禧太后的稱呼，提到慈禧太后的時候說老佛爺，那表示自己很受寵而且與太后親近，可這也只是私底下的稱呼，當著慈禧太后的面是絕對不敢這麼喊的。

再往前點，乾隆朝的時候，也出現過這個稱呼，那是因為乾隆皇帝活的時間太長了，一些近侍太監也曾在背後稱呼乾隆爲老佛爺或者「老爺子」，不過這僅限於在太監之間流傳的稱呼，大臣和后妃們也斷然不會這麼叫的。

那麼正確的稱呼法是什麼呢？其實，不管是皇帝還是朝臣以及後宮嬪妃們，對於皇太后的稱呼都是規規矩矩，就稱爲「皇太后」。

再說第二個錯誤，就是這「吉祥」一詞。道吉祥，同樣是在太監當中流行的問候語，身爲有地位的后妃，是絕對不會使用太監的常用語去問候皇太后的。

弄清楚請安語該怎麼說了嗎？來練習一遍：「臣妾恭請皇太后聖安。」沒錯，就是這樣，在下跪行禮的同時說出這麼一句請安語，說的時候，聲音不可太大驚擾了皇太后，也不能太小導致老太太聽不清；語速不能太快含糊其辭，也不能慢得一字一頓，否則，都有可能觸怒皇太后。要是讓自己的婆婆不高興了，在後宮的日子就有得小鞋穿了。

給皇太后請安的資格也不是每個人都有的。你的皇帝老公三宮六院上百號女人，要是每天早晨全都來向皇太后請安，這老太太整天也不用幹別的事情了，光是回個頷首禮就得弄得脖頸抽筋……所以，一般情況下，只有嬪及以上位分的后妃需要向皇太后請安，因爲大家畢竟有了點地位，在自己宮中能說得算，在紫禁城舉辦的重大活動中也能露個臉，這樣來向皇太后請安也有一層意思，就是婆婆把你這個兒媳婦認下了。至於貴人和常在、答應們，只能慢慢熬了。

皇太后這裡的工作完成了，還得到皇后那裡走一遭，沒辦法，誰讓人家是中宮。請安的禮節和語言也是一樣的，把剛才做過的動作，說過的話再照著說一遍就行。請安完了之後呢？後宮長日無事，你還得坐下陪皇后聊聊天，聊天的內容，無非就是搬弄是非，挑撥離間，拔高自己，踩低別人罷了。說白了，赤裸裸的宮鬥從清晨就已經開始，詳細內容請參考後面章節。

這女人們總算是應付過來了。趁著太陽還未爬到正當頂，你得抓緊時間回到自己宮裡去，一來說了那麼一早晨的話，妝花了，身子也有些乏了，該補補妝，進點銀耳蓮子羹什麼的。二來皇帝老公一早就讓人吩咐了，中午約你吃飯，你還得趕緊去準備。

這說話間，皇帝老公就風塵僕僕地來到了你的面前，一個標準的下跪禮，口中一句「萬歲爺吉祥」……你肯定沒這麼傻，既然不能向皇太后道「吉祥」，自然也不能這麼對皇帝說，要知道，「萬歲爺」也是個天馬行空的稱呼，完全不適合你的身分。

難道「萬歲爺」又是太監專用的稱謂？嗯，看來你開始上道啦。「萬歲爺」或者「萬歲」，這是在戲劇舞臺上的稱呼，大臣和后妃是不會這樣稱呼皇帝的，特別是在雍正朝，雍正皇帝非常討厭這種阿諛奉承的說辭，哪怕是在奏摺中出現諸如「萬歲」、「萬壽無疆」等詞語，都有可能遭到斥責。到了清朝中期，太監和宮女們在私底下會稱呼皇帝爲萬歲爺，不過這也是下人對皇帝的尊稱，非常不適合你，所以還是老老實實地把前面學到的請安語再說一遍：「臣妾恭請皇上聖安。」

還有一點得注意，不知道你現在是熬到什麼位分了？要是已經到嬪位或嬪以上，那自稱「臣妾」就對了。要是還在答應、常在或貴人級別，那就還輪不到「臣」字，得自稱「奴婢」。

你這左一個皇上，右一個皇上叫得親切，心裡卻犯嘀咕，爲何皇太后稱呼皇上，和你的叫法不一樣呢？皇太后稱呼自己的兒子叫皇帝，可是你不能跟著這麼稱呼，否則就是大不敬的死罪。實際上在後宮之中，也只有長輩們，也就是皇太后和皇太妃們能夠直接叫聲「皇帝」。

吃不能吃飽，睡不能睡死，話不能多說——宮女不容易啊！

大清從後金建立開始算起，直到一九一二年清帝退位，共經歷了十二位皇帝。也就是說，共有十二代後宮人士在紫禁城中居住過，這十二代主人當然伴隨著無數的宮人。在大清後宮，最著名的一位宮女可謂蘇麻喇姑了，她是有著「大清國母」之稱的孝莊太后的近身侍女，伴隨了孝莊太后從少女到壽終正寢的全部歲月，她的身分是個宮女，但她在紫禁城中的地位卻超越了無數主子。

蘇麻喇姑的經歷，用今天的話來說就仿佛「宮女中的戰鬥機」，是屬於檔次頗高的宮女，雖然在無數的史料中都對蘇麻喇姑有著詳細的描述，但如果將她做爲後宮宮女的參考，你就得吃虧了。因爲首先，不是每個主子都能有孝莊太后般的氣量；其次，不是每個宮女都有蘇麻喇姑般的福分。總的說來，蘇麻喇姑的一生是幸運的，雖然沒能出宮，沒能嫁給一個正經八百的男人，但她歷經三代帝王，無數次身處政治漩渦中，卻又憑藉著自己的膽識和智慧，與孝莊風雨同舟地走了過來，在紫禁城中，誰也不敢將她當成一個單純的宮女看待。

所以，對於蘇麻喇姑其人，奉勸你還是看看、學習學習就罷了，千萬不能用她的人生來度量紫禁城中眾多宮女的人生。

在前面的章節已經說過宮女是如何來到宮中，以及如何分配給各宮主子的。

現在就來具體看看，宮女是怎麼生活的。

清宮劇裡娘娘小主們的服裝可謂爭奇鬥豔，身邊伺候的宮女的衣服，也不輸給外頭任何人，何況還有主子心情好，賞件衣裳給奴婢的情況。可別被這些劇情迷惑了，在大清後宮，對宮女有一個至高無上的要求，那就是樸素。而且這樸素的要求還非常高，要如璞玉一般，從內裡透出光華來。意思就是，可以不漂亮，但一定要是氣質型的美女；可以素，但不能俗。

具體要求就是，禁止描眉畫眼，也不能穿大紅大綠的衣服。這樣規定的目的，在表面上看是遵循質樸的規矩，實際還有一層意思——你的風頭不能蓋過你的主子呀！要是哪天皇帝來了，你比主子還花枝招展，倘若能夠引起皇帝注意，一朝臨幸，爲嬪爲妃，那算走運。如若不然，那就是有「勾引皇帝」之嫌，估計主子就容不下你了。

於是，規定宮女的穿著，一來是爲了用樸實無華襯托主子的光芒四射，二來也方便管理，一眼就能認出來誰是奴僕。因此在後宮，每個季度都會給宮女發工作服。

開春二月，內務府總要抽出幾天時間來給宮女們量身定制夏衣。負責辦這件差事的太監會提前通知宮女們，趁著未當值的空閒，到體和殿外邊的廊子上量尺寸，從頭量到腳，每一個細節都不放過。這個月份準備的，是夏天的衣服。然後每個季節都一樣，提前準備衣裝。不過大部分宮女都是十三四歲的女孩子，正在生長發育的時候，尺寸隨時在變化著，量尺寸也就成了每個季度都要做的事情。

量身定做的衣服，爲的就是保證衣著看上去得體大方，不要因爲袖子太長或者裙子偏短而顯得邋遢。這樣的工作服每次發四套，每套都是上下齊全的，包括了底衣、襯衣、外衣和背心以及鞋襪。衣服的料子多爲寧綢或春綢，夏天的時候，也會有紡綢質地的衣服發放。這些衣服的顏色基本就是淡綠色、深綠色、青綠色或者紫褐色。到了宮裡舉行什麼盛大的節慶，則可以添一件紅綢褂，抹點胭脂口紅的。但這樣的日子是少之又少。

可是愛美之心人皆有之，何況是花季雨季的少女們，即便再樸素的服裝，也想穿出新意，也想鬥出一些與衆不同的美麗。因此在袖口、領口、褲腳和鞋幫子上，都能看到宮女們不著痕跡的裝飾，把從姑姑那裡學來的完美刺繡展現得淋漓盡致。

穿衣服講究樸素俐落爽眼，可住的地方就沒那麼盡如人意了。史料上記載，大清後宮的宮女們一般都是居住在宮室中的配殿耳房之中，「所居屋漏牆塌，巷十室，居十人。」由此可見宮女們不但居住的房子破舊，而且擁擠，這樣的條件，不要說什麼個人隱私了，就連放個屁，別人都能聽見聞見。

住房條件跟不上不說，屋內的陳設也基本爲零，從北京故宮太極殿東配殿耳房中，宮女遺留下來的物品就可窺見，除了生活必需的陶罐、陶壺等簡陋器皿之外，再無其他。房間簡陋，說白了就是宿舍。但床卻不是我們現在宿舍的標準上下鋪，而是北方傳統的炕，因此宮女在宮中是睡大通鋪的。

可能你要問了，十個人擠一個通鋪，睡起來多不舒服啊，連躺著睡都不行！

關於這個問題得好好說清楚。第一，宮女伺候主子，那是要值夜的，不是這個值夜，就是輪到那個，因此宿舍裡每天晚上都不可能住滿人；第二，宮女睡覺不允許仰面朝天，這是嚴格的規定。晚上睡覺得側著身子，微蜷著腿，一隻手平伸著，另一隻手側放在身上。爲什麼會這樣規定呢？因爲宮裡面的人都信神，認爲每個殿都有殿神坐鎮，到了晚上，殿神們會出來查看自己的領域，同時保護皇室成員。因此宮女睡覺一定要有人樣，不能四仰八叉地衝撞了殿神。

睡覺的舒服，值夜的可就慘了。坐在主子寢室的門口，這是一夜都得警醒著的，隨時豎著耳朵聽主子帳子裡的動靜，鼻息稍微有些變化，就要想到主子是醒過來想上廁所了，還是因爲做夢翻了個身。要是遇到主子半夜醒來有吩咐，而值夜的你卻在一旁打瞌睡，那就慘了。

穿衣睡覺雖然是人生不可避免的事情，但只要遵守規矩，就不會出什麼大岔子，宮女即便享不了福，也不至於受太多的苦。最可怕的就是生病了。在明朝的後宮中有規定，宮女要是生病了，是沒什麼權利請醫生到住處看病的，只能自己去藥房，根據病情拿點藥來吃。吃得好算幸運；吃不好，也就是拖著直到熬死了。

按照清隨明制來看，清朝後宮的宮女也好不到哪裡去，一樣沒有看病就醫的權利，要是病得爬不起來了，就會被送到安樂堂中，苟延殘喘等死，如若奇跡般地好了起來，則會被發配到浣衣局做清洗衣物的活兒，基本上不可能再回到主子身邊伺候了。因此宮女生病，那叫一個傷不起。

論及後宮宮女的生活，只能說沒有最慘，只有更慘。主子的心情要隨時揣摩著，但主子的心意卻又不是每個人都能猜得到的，有時候，主子心情不好，把火發到奴才身上也是常有的。乾隆皇帝的妃子就曾經因爲盛怒打死了一個宮女。宮女雖然命賤，但也是一條生命，爲了彰顯自己的英明神武，乾隆便召見了各位皇子和軍機處的大臣，講了一番大道理，大概意思就是：「在後宮之中，妃嬪們因爲奴婢做錯了事，給予懲罰，或者因爲心情不好，毆打奴婢的事情也是有的，也有宮女因爲想不通而自殺的，如此，還是應該斥責這些當主子的，不能太過暴虐。但像現在這種直接打死人的，還是第一次，因此我覺得，如果不從重懲罰，以後大家都效仿之，那不知道後宮中還會生出多少命案。」

那麼乾隆所謂「從重處罰」是怎樣處罰呢？僅僅是將兇手從妃降爲了嬪，且可笑的是，不到兩年又讓其恢復了妃位。嘉慶年間的《欽定宮中現行則例》中更規定：「凡太監、女子，在宮內用金刃自傷者，斬立決；欲行自縊自盡，經人救活者，絞監候。」如此一來，宮女連受不了虐待而自殺的權利都沒有了。

不過，在後宮中，也不盡然是這些殘酷及悲傷的事。初進宮的宮女，豆蔻年華，還是有那麼些歡樂的。雖然教習姑姑們教得嚴苛，但女孩子們學出來的手藝卻是數一數二的，要是宮中月例銀子不夠用，通常都是靠宮女們做些刺繡活來掙零花錢。看著自己細心做出來的東西換成了銀子，想來內心還是欣喜的吧。何況宮中長日無聊，各類節日也就過得相當喜慶，從開春到深冬，四季變幻，宮裡的人也總能想出些好玩的事情來，賞花、蕩秋千、遊湖、採蓮、堆雪人、貼窗花等，也算是苦悶日子中的一點甜了。

隨著宮女慢慢長大，也到了情竇初開的時候。不過後宮總是壓抑人性的地方，指望著被皇帝看上，那機率是相當低的。對於各位主子的古怪脾氣，宮女們也不敢生出半點怨言，唯有在「同是天涯淪落人」的苦命人之中尋找個心靈寄託了。

別捂著嘴笑，你知道我說什麼。其實在清朝以前，後宮中的宮女和太監結爲「菜戶」，那是可以搬到檯面上來講的事情，這也成了宮中女子唯一的生活樂趣。太監雖然不是完整的男人，但他們也是人，也有七情六欲，也懂得喜歡人、心疼人。如果能找到一個與自己情投意合的「老公」，雖享受不到生理方面的滿足，但內心總算是有個依靠。

可這事到了清朝，卻成了嚴格禁止的事情。康熙朝做出規定：「凡各宮女子，不許與太監等認爲親戚。」爲此，康熙皇帝還專門下詔告誡各位太監：「近來太監不守規矩，與各宮內女子認親戚、叔伯、姊妹，往來結識，斷乎不可。太監等在內廷當差，女子等在宮內答應，各有內外，嗣後務當斷絕交結。如仍不能斷絕，總管與本宮首領即行置之重典。自降旨後，若經察出，奏不奏亦任爾等，朕自有處置。」這規定一下，自然成了不得不遵守的事情。不過所謂上有政策，下有對策。這扭曲人性的事情怎麼可能得到完全禁止？只不過大家不敢明著來結合，私底下暗暗來往罷了。

但有時候，與菜戶太監結爲對食的事情卻成了主子懲罰宮女的方法。假設你違拗了主子，主子一個心血來潮，不打不罵，直接把你許給某個太監，這個太監又恰好平日裡與你諸多不合，想想日子該有多難過。

事實證明，宮女打工那是相當不容易，賺著賣白菜的錢，操著賣白粉的心，一不留神，身家性命都要搭進去了。可是，如若沒有宮女在後宮中做各種雜事，伺候主子生活起居各項事宜，主子也就不能稱爲主子了。這算是封建社會的通病，卻也是不可抹殺的歷史。

第 參 章

從今以後，你要和眾多女人分享一個男人了

從小，不管老師和父母，都希望我們能夠學會一樣東西，那就是分享。要和朋友分享自己的快樂，要和家人分享自己的收穫，要和情人分享自己的心得，要和別的女人分享自己的老公……等等，這也是美德嗎？

要是往回幾百年看看，還眞就是那麼回事兒，一般官宦三妻四妾實屬正常，何況皇帝！看看和你一起參加選秀的那些人，還有比你早入宮的那些人，再加上三年後又將入宮的那些人，那些你稱之爲姊妹的人，不都是來和你搶老公的嗎？皇帝只有一個，妃嬪卻有一堆，這種永遠分不均的事情實在是讓人心生憤恨。可所有不滿，心裡碎念就行了，表面上，還得和這些「情敵」們一團和氣，人家晚上得了皇帝的雨露恩澤，你獨守空房，第二天，還得給人家道喜，恭喜人家早日懷上龍種……這個中彆扭勁兒，也不是誰都能承受的。可沒辦法，誰讓咱是宮裡的女子，再不願意，也只能裝孫子裝傻子裝得喜笑顏開的樣子，因爲有些人，你是爭不過的。

辦婚禮這檔子事兒，只有皇后有資格（一）

入得紫禁城，也接受了「婚前培訓」，不但知道在宮裡生活該講究的規矩，而且還知道應該怎麼去伺候皇帝。接下來就該開始期待一場完美的婚禮，讓自己從女孩變成女人了。

要是這麼想，就當眞錯了。別以爲嫁給皇帝這個擁有天下財富的男人，就能爲娘家爭得豐厚的彩禮，至少也能保幾年衣食無憂……還眞不要這麼天眞地以爲。宮中的賞賜那是另一回事，雖然也是補償你家裡養育這麼多年閨女的辛苦費，但那也是得跪接的，完全沒有那種理所應當接過聘禮的暢快感。

而一拜天地，二拜高堂，夫妻對拜再送入洞房的情節，是不是燒得你有些飄飄然的？然而現實卻是殘酷的，雖然嫁給了天底下最高端大氣上檔次的那個男人，但你實在也不如民間女子有福氣，還能來一場正式婚禮什麼的，除非你是皇帝的「正室」，可你要知道，正室也不是說當就能當的。

努爾哈赤雖然沒有能夠進駐紫禁城成為萬人仰慕的皇帝，但掌管整個後金，他也是需要有人母儀天下的，努爾哈赤的孝慈高皇后葉赫那拉．孟古哲哲，是葉赫部首領楊吉砮的女兒，她嫁給努爾哈赤後生的第一個兒子，名叫皇太極，就是於一六三六年稱帝的這一位。

皇太極的正室孝端文皇后博爾濟吉特．哲哲，是蒙古科爾沁貝勒莽古斯的女兒。她雖然沒給皇太極生下兒子，但憑她的賢良端莊，依然統領後宮幾十年，直到壽終正寢。

到了順治朝，博爾濟吉特氏初為皇后，後又被廢，成了妃子，順治娶了她也完全是因為拗不過母親。這位親王之女雖然母儀天下，但一生也沒過過什麼眞正順心的好日子。廢了這一位，當然就得立新的皇后，不過基於順治皇帝神祕且短暫的帝王生涯，相信不管是幾個皇后，也都過得不順心吧。

康熙帝長壽，相較起來女人就沒那麼好命了。他老人家的皇后一換二，二換三，從輔政大臣之首索尼的孫女赫舍里氏，換到了輔政大臣遏必隆的女兒鈕祜祿氏，最後又到了領侍衛內大臣佟國維的女兒佟佳氏。可惜她們都沒能陪康熙白頭偕老。

到了雍正的孝敬憲皇后烏拉那拉氏，她是侍衛內大臣費揚古的女兒，從親王的嫡福晉冊封為皇后，想來也有些天上掉餡餅的感覺吧。

乾隆皇帝的第一位皇后孝賢純皇后富察氏，是乾隆皇帝還是皇子時奉旨成婚的。繼皇后輝發那拉氏（史書記載烏拉那拉氏為誤），是佐領那爾布的女兒，從側福晉開始熬起的。第三位孝儀純皇后魏佳氏，是內管領清泰之女。

再看看嘉慶的孝淑睿皇后喜塔臘氏，是總管內務府大臣、副都統、承恩公和爾經額的女兒。第二位孝和睿皇后鈕祜祿氏，是禮部尚書恭阿拉的女兒。

道光、咸豐的皇后也都不止一位。

囉囉唆唆舉這麼多例子，實際上就想說明一個道理，要是沒有光榮的八旗身分證，沒有位高權重的爹，那就不用眼巴巴看著皇后那個位子了，雖然也有廢后重立的事情發生，但這樣上位的皇后要承受極大的壓力，而且可能性也是不大的。

就算眞的成了皇后，那也得趕上好時機，才可能舉行大婚典禮。清朝入關之後，眞正在紫禁城中舉行過大婚的，也只有四位幼年登基的皇帝，也就是說，只有四位皇后感受過大婚的氣勢磅礴和奢靡。如果，你眞的成了其中一位，那就要注意了，這極端的奢靡背後是極端的繁瑣，每一個步驟，每一個細節，即便身邊有無數的人跟著你提醒你，但終究來操作的人是你，千萬不可以出錯。

別緊張，先看看這大婚是怎麼回事兒。

皇帝大婚可不比凡人，那是「上天的使命」，因此一定要追溯禮儀淵源的。《儀禮·士婚禮》是歷朝皇帝最重要的參考書。書中記載了從周代以來的婚禮儀式——納采、問名、納吉、納徵、請期、親迎，古語又稱「六禮」。不過六禮主要針對的是士人婚禮，且爲婚前的禮儀。身爲地位最高的皇帝，婚前的禮儀肯定要比這六禮更高端。

待大婚發展到清朝，便融進了滿人的習慣，按照時間順序和過程來看，這時候的大婚可分爲三大部分，即婚前禮、婚成禮、婚後禮。

你已經開始摩拳擦掌躍躍欲試了？如果你眞的是皇后命，在幾歲的時候就已經被「內定」了的話，待到年滿十三，就可以準備嫁人了。按照婚前禮第一項「納采禮」的規矩，你們家是能夠收到由宮中發出來的禮物，這些禮物打著皇帝，也就是你未來老公的名號，由掌管皇家事務的機構——內務府提前操辦。這內務府可得先記牢嘍，待入得紫禁城，你會發現自己的生活原來是和內務府息息相關的。

你肯定會在心中暗自竊喜，猜測皇家送來的禮物，應該又昂貴又豐富吧？千萬不要期望太高，相較歷朝歷代，清朝皇帝大婚時候的納采禮類別是最少的，有配了鞍轡的文馬十匹、甲冑十副、布二百匹、緞百匹。唯有順治皇帝的納采禮還多了一個金茶筒、兩個銀盆。細數起來，種類也實在少得可憐，何況這布和緞子，也是同一個類別的，完全可以合併。東加西加，也就是四種，而且幾乎都與騎射有關，充分說明國之傳統，就是尙武和騎射。

更讓人傷心的是，這些禮物都是象徵意義的。莫非內務府發照片而不是送實物？那倒不是，馬匹甲冑，緞子布匹都有，而且都送到女方家，不過當納采禮結束時，「內務府官將甲冑撤出，其緞布交總管太監接收，暫存邸第，俟進妝奩時分裝箱內……其馬匹鞍轡甲冑交該衙門領回。」如此看來，除了緞子布匹能夠最終存入嫁妝裡去，剩下的東西都是擺擺樣子過過場面，事情辦完就撤回去了，總之，騎射的象徵意義是完滿表達啦。

你失望啦？這才是剛開始，要是不調整好心態，以後失望的事情還多著。

滿族人重騎射，這在大婚的方方面面都有體現。要是真成了準皇后，在等著被「奉迎入宮」的時間裡，還是住在自己的府邸，這個時候，你的府邸一眼就能看出非同小可，大門上懸掛的不是紅花紅燈籠，而是槍、撒袋、弓、梅針箭等等，皆是硬朗的器物，哪裡有什麼大婚的喜慶感覺。

不過，有件事你一定會覺得無比寬慰，在滿族的觀念中，並沒有如漢人一般的「男尊女卑」的思想，女子和男人一樣可以騎在馬背上彎弓射箭。因此，滿族的納采禮中，就沒有漢人傳統的象徵男尊女卑的大雁（大雁冷時南飛，暖時北歸，被視爲順應天地之間的陰陽之道）。但這也只是在傳統觀念中。哪怕你在家裡，是比男兒地位還重的「姑奶奶」，入宮之後就不一樣了，圍繞著君王轉，想擺脫男尊女卑的限制，你還沒睡醒吧？

接著說說結婚這檔子事兒。納采禮之後，就該有一道吃飯的儀式了，稱爲「納采宴」。傳統的納采宴是由皇后母家出面承辦，主要就是招待一下代表宮裡送東西出來的這些使者，感激之餘，會做人的，自然要提前拍拍馬屁，誰知道這些人日後會不會派上什麼用場呢，別忘了，他們可都是替皇帝辦事的人。

可是到了大清，這習慣改變了，主賓關係扭轉，比如光緒皇帝大婚時，於十一月初二日成納采禮，當天未時（下午一點到三點）便設納采筵宴。這頓飯便是由內務府操辦設在宮裡，皇上特命內大臣、侍衛、八旗公侯以下，滿洲二品、漢二品以上官員「宴后父於外堂，后父爲賓席」。吃完以後，「衆官詣堂下，望闕序立，聽贊，行三跪九叩禮」。

這陣勢哪像平常人家的家宴啊，已然上升到了國宴等級，而且人人都拘著禮，管他什麼山珍海味，估計拿捏半天吃到嘴裡，也會食之無味。最重要的是，這一場主賓關係的調轉，凸顯了強烈的等級色彩，皇權的至高無上怎可逾越？以前是男方來下聘禮，女方招待一頓，禮尚往來，雙方都有面子。現在不同了，這男方聘禮是下了，可負責送聘禮的人是什麼人哪？那是欽差，是專門歸皇帝管的，只聽皇帝的，皇帝讓回宮吃飯，他們哪敢在外頭耽擱？再說，代表皇帝出行，怎麼可能接受他人犒賞？於是就成了——「我下聘禮，我管飯，我的地盤聽我的！」

但是站在國家的角度上來講，這也說得通。皇帝要娶妻了，應該感謝對方父母誕育了稱得上大清國母的女子，讓皇帝得以「擇賢作配，佐理宮闈，以協坤儀而輔君德」。皇帝當然要派人代表自己去感謝人家，再怎麼說，這也是丈母娘和老丈人嘛。因此，這個納采宴也是非常有排場的，皇帝要給老丈人送上餑餑桌八十張、酒宴桌八十張，羊九十九隻，醴奶酒燒黃酒八十瓶，還要派公主以及命婦們單獨宴請丈母娘，同樣要奉上餑餑桌、酒宴桌、羊和酒，只是數量稍微小一些。不過這排場也是令人咋舌啊！

納采禮一成，與皇帝的婚姻就真正成立了，皇帝才可以「上以事宗廟，而下以繼後世也」。接下來就等著完成後面複雜的結婚儀式，入主中宮吧。

按理說，納采禮之後，還應該有一個問名禮，不過在大清，這個問名禮已經提前進行了，因爲皇后人選也是從選秀開始的，初選、複選概莫能外，實際早已經登名造冊，不止你的名字記錄在案，就是你父親、祖父、曾祖父的一切相關事宜都已經存檔在戶部了。因此這問名禮也就可以略過。

正式跟在納采禮之後的是大徵禮，即古代的「納徵」禮。「徵，成也，使使者納幣以成昏禮。」大清皇帝大徵禮的禮物都是些什麼呢？《大清會典》裡記載：「黃金二百兩、白銀萬兩、金茶筒一、銀茶筒二、銀盆二、緞千匹、文馬二十匹、閑馬四十匹、馱甲二十副。另有賜后父后母黃金百兩、金茶筒一具、銀五千兩、銀茶筒一具、銀盆一具、緞五百匹、布千匹、馬六匹鞍轡具、甲冑一副、弓一張、矢一菔、朝服各二襲、衣各二稱皆冬一夏一、貂裘各一領、上等玲瓏帶一束；賜后弟緞四十匹、布百匹、馬二匹鞍轡二副；賜從人銀四百兩。」

請注意這當中的順序，「黃金二百兩、白銀萬兩、金茶筒一、銀茶筒二、銀盆二、緞千匹、文馬二十匹、閑馬四十匹、馱甲二十副」，這些最實在的金銀器物都排在首位，那都是給皇后的禮物，後面的，都成了「賜」，也就是「恩典」。

當然，皇帝打算娶你了，送金送銀討好一下，讓你心花怒放也是應該的。不過，這些東西也就是高高興興地看看，因爲內務府的太監馬上就會來處理這些東西，把它們分裝好，到時候原封不動地抬回宮去。

辦婚禮這檔子事兒，只有皇后有資格（二）

在經歷了婚前的諸多禮節之後，終於要正式踏入婚成禮。其中的冊立、奉迎禮也是皇帝大婚中最重要的儀式。過了這一關，和皇帝才能確立夫妻關係。

皇帝結婚自然不能和民間一樣。民間下了聘禮之後，應該是新郎親自上門迎接新娘，稱爲「親迎禮」，不管將來多麼男尊女卑，最開始的時候，過場還是要走一下的。皇家迎新娘則叫作「奉迎禮」，意思是什麼呢？那就是皇帝派使者去接皇后，使者奉命辦公，因此爲「奉迎」。

在奉迎皇后之前，還有一個步驟很關鍵，那就是冊立。總得先把這皇后給立了，才接回來不是？什麼？定了就是皇后了，還搞那麼多事幹嘛？

大清朝，規矩大於天，口頭上的不算數，兩廂情願也得領個結婚證書才算合法夫妻不是？成了「準皇后」，沒有皇后的冊寶、金印什麼的，也不大有保障呀。

於是，皇帝冊立皇后的制文往下一發，禮部尚書就得忙不迭地赴內閣承制，選定一個良辰吉日，通知諸司做各種準備工作，然後禮部和工部就要組建一個工作小組，開始製作冊寶，鐫刻冊文和寶文。

到了選定的喜慶節日，眞可謂舉國同慶，你要是那位準皇后，那眞是風光無限呀。因爲你要出嫁，京城裡的街道全部打掃得乾乾淨淨；老百姓們也要穿紅戴綠，喜氣洋洋；家家戶戶門上都要張燈結綵，比自家娶媳婦還高興。這還只是京城裡，宮裡就更不用說了。

行禮的這天早晨，太和殿內早早地就安置好了節案、冊案、寶案，殿外則陳設著皇帝的法駕鹵簿（儀仗），殿前廊下的東、西兩側佈置的是中和韶樂，太和門內則佈置好了丹陛大樂。雙喜字樣的大紅綢更不用說，高掛各處，一派喜氣洋洋。

再來看慈寧宮這邊，兒子娶媳婦，皇太后自然高興，即便不是自己滿意的媳婦，也一定要顯出高興的樣子。這不，皇太后的儀駕早早就等候在宮門外了。

從太和門至午門的位置，陳列的是今天的主角——皇后的儀駕。龍亭放在太和殿的中階下，即將屬於皇后的冊、寶、印則分別放在太和殿的几案上。

除了這些重要的大殿和道路之外，紫禁城內到處都是張燈結綵，紅氈鋪地、新的對聯、新的門神，無處不透露著天子大婚的氣勢。

當聽到太監們尖著嗓子高聲喊著「吉時已到」時，禮部尚書和禮部侍郎就齊齊地來到乾清門，等著衣冠楚楚的皇帝乘車出宮。兒子要去娶媳婦了，當然先得去娘面前告別一聲，於是浩浩蕩蕩的隊伍先赴慈寧宮向太后行禮，不外乎就是說些特別有禮貌的話，用現在的話翻譯過來大概就是：「感謝您老人家生了我這樣一個一國之君，而今，我這個國家領導人要去跟別的女人過日子啦，您老人家不用擔心，我已經長大成人了，一定好好過日子，好好治理國家，而且保證讓您早日抱上孫子……」

皇太后這邊行完禮，皇帝就轉而到太和殿來，檢查一下爲皇后準備的金冊、金寶有沒有什麼問題（實際上也不敢有什麼問題，但循例還是要閱看一遍），然後就坐到太和殿的寶座上去了。

皇帝一坐穩，旁邊隨侍的人立刻眼神傳遞下去，午門緊接著就傳來了擊鐘敲鼓的聲音，中和韶樂奏起「隆平之章」，而丹陛大樂隊則奏起了「慶平之章」，負責管鑾儀的公務員拿著根長鞭子開始在丹墀（也就是臺階前面寬闊的空地）上抽打，名曰「鳴鞭」。這鳴鞭也叫「靜鞭」，鞭子是用黃絲編織而成的，在鞭梢塗了蠟，抽打在地上的聲音非常響，目的就是提出警示：「皇上即將駕到，重要的儀式或典禮馬上就要開始了，眾人肅靜！」

三聲華麗麗的鳴鞭過後，正、副使臣來到太和殿前面的臺階上，面朝北跪下聽宣旨，繁文縟節的聖旨宣讀完畢之後，由大學士手捧聖旨交予正、副使臣，使臣們負責拿著聖旨下樓梯，後面還有執事官捧著金冊、金寶跟著一起下樓梯，最後來到龍亭內，把這些東西放下，再由鑾儀衛抬出太和門。

到這會兒打瞌睡了？哈欠連天了？想當個皇后也不容易吧？雖然這些過程不用你去湊什麼熱鬧，但此時的你也沒機會賴在床上等日上三竿，人家太和殿外禮樂奏得如此歡樂，你就端坐在鏡子面前好好等著吧。啥？脖子都僵了？那沒辦法，你瞅瞅這頭上裝飾了那麼多東西，還有那硬邦邦的「燕尾」，想活動活動頸椎也不是件容易的事情，暫且耐著性子等吧。

再折回來看看太和殿這邊的情況，鑾儀衛抬著龍亭出了太和門，皇帝一揚手，宮女們便忙不迭地給王公大臣們上茶。什麼？皇帝怎麼還在太和殿，不該來接皇后嗎？

你想得太天眞了，皇帝怎麼可能親自出馬來接呢？這於祖制不符啊，皇帝娶的再是什麼皇親國戚的寶貝女兒，還是皇帝最大，派出一支壯觀的「迎親隊伍」，已經能充分顯示皇恩浩蕩了，一會兒還得爲此謝恩呢！

待到眾王公大臣飲畢那盞茶，中和韶樂隊就開始奏樂了，這回點的是「顯平之章」，臺階上再次傳來鳴鞭的聲音，此時的皇帝站起身，瀟灑地抖一抖龍袍，回宮去了。

感情在太和殿，就是聽了聽尊貴的皇家禮樂，讀了讀賜金冊金寶的聖旨，再對著那無辜的空地抽了幾鞭子，就完事兒啦？

可不能小瞧了這些儀式，更不能小瞧這太和殿。太和殿俗稱金鑾殿，處於紫禁城南北主軸線的顯要位置上，其建築的雄偉，形制的高端，手法的精妙，在此不再贅述。關鍵是，這裡是舉行盛大典禮的地方，比如什麼皇帝大婚，冊立皇后，點將出征，過萬壽節、元旦等等，且從明朝延續至今，完全已經成了一種習慣性的東西，就是再不可思議也得接受。再說了，這麼尊貴，這麼獨一無二的儀式，不也只有皇后娘娘才能享受到嗎？

話說這太和殿禮畢，長長的迎親隊伍就朝你這進發啦。趕緊命奴才們再細細檢查一遍，皇后娘家府邸裡的各項東西是不是都已經準備好了。

首先，內堂正中，節案、冊案和寶案是不是都擺好了？方向對不對？節案居中，左右各爲冊案和寶案哦！

再者，節案前面香案準備好沒有？香案前皇后的拜位準備好沒有？拜位左右兩邊的侍儀女官就位沒有？宣讀女官在冊案的南邊站好沒有？

一切就緒，似乎已經聽見使臣的腳步聲了！深呼吸，不要緊張，外頭還有父親大人應酬著呢。他老人家早就率領著一家的男丁，穿著整齊的朝服跪在大門外面候著。待使臣來到，行完禮，一家人就來到外堂，面朝西站在東邊。

使臣進門了，皇后的「花車」，也就是喜轎就停在中階上，後面排放著皇后的鑾駕。這時候，正使說話了，大概說的就是些天命所歸，龍鳳呈祥之類的。說的人莊嚴肅穆，義正詞嚴；聽的人誠惶誠恐，心悅誠服。待正使說完，父親大人便帶著一家男丁行三跪九叩的大禮，然後退出這個場合，把舞臺全部交給你。

隨後，使臣把節案、金冊和金寶分別授予內侍太監，由他們捧到你的屋裡頭來，這時候，到你出場了，看你梳的這個雙髻多麼炫目，多麼尊貴；這一身禮服多麼喜慶，又是多麼高大上！記住，此時一定要保持淡定，既不歡喜得眉開眼笑，也不緊張得手足無措，你是國母，一定要拿出國母的威儀來，緩緩行出，站在內中門的右邊，抬頭挺胸，呼吸均勻……

你算好，此時還能站著，你的母親大人以及三姑六婆妹妹侄女什麼的就不行了，早就跟在你身後，齊刷刷跪成一片，只等聽聖旨了。

這時候，內侍太監們將手上捧著的金冊金寶放在早已準備好的冊案寶案上，你就得移步到拜位，跪下，聽著使臣宣讀冊文和寶文，讀完了，這金冊金寶就正式成為你皇后娘娘的「法器」。得寶不忘謝恩，還得向北行六肅三跪三叩首的大禮。禮畢，冊立禮就算完成了。當然，拿過來的金冊金寶不能放在娘家，還得捧到龍亭裡，跟隨著你一起進宮。

這次是眞的告別了，就要坐著皇后的鳳輿進宮了，以後雖然說宮規典制是准許父母進宮探視，但這樣的機會是少之又少，基本上，想要再見到父母親的面就很難了。是不是鼻子有點酸了？可是你現在是皇后了，而且今兒又是大婚的好日子，定得忍住心酸，故作鎮定。

何況此時，升輿的吉時到了。女官們走上前來，恭請你升鳳輿，大隊人馬就要朝著皇上身邊進發了。歡歡喜喜的鼓號隊走在最前面，正副使騎馬隨行，後面跟著的是皇后的鑾駕、冊亭和寶亭，然後為鳳輿（用現在的話說，就是儀仗隊，還有轎子），鳳輿旁邊還要有「押車」的人，前導是四名命婦，後面有七名命婦騎馬扈隨，左右還有近侍太監扶著你的鳳輿。最後跟著的是內大臣和侍衛們。當迎親隊伍浩浩蕩蕩地駛出，你的父親和兄弟們就齊刷刷地跪在大門口送你。

隊伍進了大清門、天安門，到了午門，鑾駕就要停在這裡了，你的鳳輿則在九鳳曲柄蓋的引導下走進午門，經太和門、中左門、後左門，到乾清門時，龍亭也要停下。這時，奉旨辦公的公務員們任務算是完成了，使臣、內大臣、侍衛都退了下去，這裡有另一撥人等著你。

首先迎上來的是王爺們的福晉，她們會遞上象徵吉祥的寶瓶，你得伸手接住。然後，會有人攙扶著你跨過早就在乾清宮準備好的火盆。「跨火盆」？這習慣是不是聽著有些耳熟？沒錯，在很多少數民族的婚事中都有這個環節，尤其是崇拜火的民族，而滿人一向篤信薩滿教，這也是老祖宗傳下來的規矩，跨過火盆，也就把你身上帶著的邪氣去掉了。

在乾清宮跨過火盆，就可以朝著洞房——坤寧宮前進，這時候的隊伍明顯減少了很多，畢竟送入洞房的事情，不宜太多人跟隨。眼瞅著就到了坤寧宮，細瞧那門檻上架著個啥東西？

別緊張，只是個馬鞍而已。跨火盆是風俗，跨馬鞍同樣是風俗，「鞍」同「安」，也是種祈求平安的美好祝願。不但有馬鞍，馬鞍下面還壓了兩個蘋果，這祝禱平安的心願當眞是強烈啊！

辦婚禮這檔子事兒，只有皇后有資格（三）

一頓折騰，一頓禮節，身上因爲緊張出的汗已經漬透了那嶄新的內衣，厚厚的脂粉在臉上只覺得喘不過氣來，更何況頭上還有那些沉甸甸的鳳冠，腳底還踩著一雙觸不著底的花盆底鞋，你不由得感慨，嫁人不容易，當皇后嫁給皇帝更不容易啊！

可是，馬上更緊張的事情就要發生了，敢問皇后娘娘，你見過皇上嗎？也許他是你的表哥、堂哥、表弟、堂弟之類的，在兒時曾經一起玩耍過。但小孩子時候的記憶準確嗎？或者你根本就沒有見過這位已經成爲自己丈夫的人，陡然就在洞房相見，感覺是不是有點怪怪的？

一邊尋思著這些事情，一邊被人攙扶著走進坤寧宮，瞧這洞房佈置的！牆壁全部用紅漆和銀朱桐油修飾起來，鎏金色的大門也是紅的，上面貼著鍍過金粉的雙喜字，門前吊著大紅宮燈，同樣襯有喜字，門頭一個雄偉的「壽」字，兩旁長長的對聯直垂到地上。

從正門到東暖閣的走道上，豎著一座木影壁，同樣是紅色，貼上了金色的「喜」字，取皇后「開門見喜」的美意。繞過這影壁，就眞正進入東暖閣的東方啦。同樣是炫目的紅，再加上緊張，是不是都有些暈了？別著急，先細細打量一下這個名符其實的洞房。敞兩間的構造其實很簡單，在東面靠牆的位置放著老公的寶座，右手邊有一大柄玉如意，多麼吉祥，多麼貴氣。前簷連通著一座炕，而且是巨大的炕，炕兩邊是紫檀雕龍鳳，炕几上放著一些瓷瓶寶瓶。

最顯眼的就是那張龍鳳婚床了，床幔是大紅綢緞，上面繡有雙喜百子圖，象徵帝王家「子孫萬代、多福多壽」，那床上用品就更不用說了，貴氣、奢華，應有盡有。色調只有兩樣，象徵喜慶的大紅色和象徵貴氣的明黃色，各種圖案也是繡藝高超，不知道花去了針工局女工們多少心血，當然，這手藝也是無可挑剔的，怪不得有人說，在宮裡打過工的女子，出去之後，就算賣點繡品也能養活自己，甚至賺點小錢，因爲這刺繡的技術實在是百姓所不能及的。

婚禮很隆重，洞房很喜慶，新郎很陌生，新娘很緊張……合巹禮的時辰到來了。

在洞房坐定不久，皇帝也在親王們的簇擁下來到了坤寧宮，帶著陌生男人的氣息，他一步步走向你，從蓋頭下面，似乎能窺見他穿著的龍袍吉服。然後，他靠近你，只聽得喜秤末端綴著的珠子劈哩啪啦響，眼前的紅蓋頭被揭開了，從此以後，你就成爲面前這個男人的正室了；從此以後，你就要和衆多女人分享這個男人了。如果你懂得如何運籌帷幄，如何抓住男人的心，也許往後見到他的日子還多一些；如果你任性多疑，脾氣暴戾，那麼很可能只有在公開場合，或者他被逼無奈的情況下才能見上一兩面了。你心裡可要有數啊！什麼？不稀罕？「我對他一點感情都沒有，連起碼的感覺都沒有。見與不見，有什麼關係？」

說話可不能這麼任性。一入豪門深似海，更何況紫禁城是天底下最大的豪門，你深陷其中，不緊緊抓住最能保你的這個人，還能做何選擇呢？雖然你現在已經貴爲皇后，執掌六宮，可要是把皇帝逼急了，他照樣能頂住壓力廢了你！就算不廢你，他就當你不存在，那樣你的日子也是很煎熬的。

再不適應，也要用最快的速度調整心態，何況你入宮，不管地位多高，都是伺候皇上的，就不要再把這些喜怒哀樂隨隨便便掛在臉上了。

再強裝鎮定，還是忍不住緊張，手心冒汗……這時候，皇帝一屁股坐到你旁邊，內務府的女官便陸續走了進來，有人端著銅盆放在床上；有人端著裝好了子孫餑餑的圓盒恭獻；有人則拿著褥子，鋪設在床前面的地下；有人抬著宴桌擺放好。在這一點上，大清尤其遵循漢人慣例，席地而坐，也不知這規矩到底是誰定的。

這時候你和你老公要起身坐到褥子上來，四目相對，你們的合巹宴就在眼前，先端起杯子來，喝個交杯酒吧！正有些抖抖索索端著酒杯，只聽得外面傳來用滿語演唱的《交祝歌》，心頭是不是湧上了一陣溫暖？知道演唱的人都是誰嗎？他們雖然地位不高，但都是結髮的侍衛夫婦，夫唱婦隨的美滿，希望你從此以後也能擁有。

歌唱罷，酒喝罷，是不是就珍惜這春宵一刻了？那可不行，緊張忙活大半天，肚子肯定也餓了吧，雖然合巹宴也有些佐酒的小菜，但關鍵在於那交杯酒，你肯定也沒動筷子吃點什麼吧？這會兒從養生的角度出發，是什麼事情都不宜做的，乖乖再等會兒，等到天黑了，自然有女官、福晉們來伺候你倆口子吃長壽麵，直到長壽麵下肚，這歡樂的一天才算接近尾聲，旁人的任務都算完成了，撤出坤寧宮，你才終於可以和最親愛的老公度過洞房花燭夜。

接下來該順理成章發生的事情，在此就不多說了，說說那違背常理的。別以爲這一夜皇帝就是你的了，回想一下前面選秀環節的一個細節——年齡。秀女選送的年齡範圍在十三至十七歲之間，即便你是內定的皇后，年齡也必須在這個範圍內。在今天看來，這年齡簡直就是孩子。

再看看皇帝，從滿人入關到清朝滅亡，在紫禁城中舉行過大婚的其實只有四位皇帝，分別是順治、康熙、同治和光緒，如果再加上宣統皇帝溥儀的話算五個，不過溥儀大婚時，實際上已經是民國了。這幾個皇帝都有一個共同點，那就是兒時繼位，到了成婚年齡，順理成章地在皇宮中舉行大婚。

那兒時繼位，十六歲親政，在此之前要先「成家」，由此推算，皇帝大婚的年齡也是在十四五歲之間。你該問了，這兩個「孩子」洞房花燭，會不會有點懵懂？光緒皇帝大婚那晚，本該到了洞房花燭，可他看著自己醜陋的表姊，卻怎麼也提不起興趣來，心心念念都是那個想選爲后，又無力選爲后的珍妃。結果，他抱著表姊痛哭流涕一番後，轉而去了養心殿，埋首書本間，度過了苦悶的「春宵」。

而冰清玉潔的葉赫那拉氏，則呆坐洞房，又氣又怨，生生地把那痛苦在心中翻來翻去，怨了一輩子。

「我才不會那麼傻呢！無論如何，也要施展出點魅力來迷住皇上啊！」可事情還眞沒這麼簡單，身爲母儀天下的皇后，端的是國母的典範，講究的是端莊大方，知書達理。你見哪個「正經人家的女兒」敢於施展媚術在皇帝面前搔首弄姿的？就算日後學會了，眞正能做到「出門像貴婦，床上像蕩婦」，在這純潔的處子之夜，怕也還是會害臊的吧。

總之，該怎麼做還眞由不得你，即便心中成竹在胸，也未必能表現得這麼完美，也許還會緊張壞事呢！

你可能會問，皇帝難道不會緊張嗎？他不也是剛剛大婚？

這點你就得瞭解瞭解了。大清後宮明文規定，皇帝大婚之前，內務府必須先精選出八名品貌端正且年齡稍長的宮女來爲皇帝服務，她們都是有職稱的，即司儀、司門、司寢、司帳。具體工作是做什麼，相信你也明白，就是教會皇帝所謂的男女之事，以便在和皇后圓房之時，不至於出現窘態，丟了皇家的面子。

這還只是書面上的規定。私底下，沒有人能夠限制皇帝臨幸一個女人。想想，小皇帝開始了第二性徵的發育，對異性充滿了好奇，這時候，他身邊沒有一個名正言順的妻子，除了太監就是宮女，他又擁有至高無上的權力，隨手抓一個宮女來緩解一下好奇之心，那是再正常不過的事情了，抓十個、一百個又怎樣？

關鍵問題不在於皇帝娶你之前到底臨幸過多少女人，重點是，你的初夜，絕對不可能也是皇帝的初夜，你會緊張，但皇帝在這件事情上基本就不會緊張了。因此，皇帝的態度就成了關鍵，雖然有規矩在那兒拘著，但「臨陣脫逃」的皇帝也不是沒有，這只能說明他眞的不喜歡你，而且連好感都沒有。這樣就比較麻煩了，因爲連第一晚上都這樣，日後想要挽回就很難了。

不過，懂事的皇帝還是會顧全大局，爲彼此保留一點面子的。只要皇帝乖乖留下圓房，你就有了兩種機會，一來可以努力靠近皇帝的心，二來也許上天會賜給你幸運的龍種。就算這一晚上不成，宮規典制還是爲你創造了一個極大的機會。

別著急，咱們先說說這洞房花燭夜過後的第二天。

雄雞破曉之時，還要接著完成大婚的最後一個環節——婚後禮。現存於中國第一歷史檔案館的《大婚典禮紅檔》中，對於同治皇帝大婚的經過有著詳細的記載，從資料中可以總結出，從進入洞房到此後的三天，還有一系列的禮節要完成。

當你緊張惶恐且新鮮好奇地度過了自己的初夜之後，應該說是幸運地於大婚之日度過自己的初夜之後，天濛濛亮，你和你最親愛的皇帝老公就得起床了，因為外頭的各位大神還等著你們去燒香供奉呢。

看看這順序吧，你們得先到「天地桌」前面上香行禮，然後在「喜神桌」前面上香行禮，接著到「灶君案」前面拈香祭祀。最後，按照規矩，還得前往景山壽皇殿以及其他供奉先祖的地方進行祭祀。不過由於出宮實在陣容龐大浪費無度，慢慢地就取消了這個儀式，只在宮中進行各種儀式就行了。

第二天拜過所有神仙祖先，把自己燒得一身的香火氣息後，第三天，就該去拜見你的婆婆，也就是皇太后。你可能會問：「我老公要是有車有房，父母雙亡，我是不是就不用去拜見婆婆了？」

在這裡可以很鄭重地回答你，還眞不是那麼回事兒！首先，順治皇帝做為滿人入關後的第一位皇帝，雖然親政時間不長，還是立下了一些規矩，不再像從前馳騁草原一樣的隨意了。這些規矩就包括對長輩們的尊稱，說白了，就是由他開始給太后上封號的。

那麼這太后要怎麼封呢？老爸死了，老爸的正室也還是正室，即便不是自己的生母，也要封爲最尊貴的皇太后。那親生母親呢？當然母憑子貴，也榮登爲皇太后。因此這兩位老人家地位是比肩的。也就是說，即便皇帝的生母去世了，還有這位「皇額娘」，要是這位不在了，生母應該也還在，總之，你去拜見婆婆，這事兒終歸是跑不了。

其次，能在宮裡大婚的皇帝，基本都是兒皇帝繼位，然後苦苦熬到了可以大婚親政的時候，前面說過，這個年齡也就十多歲吧。十多歲的孩子，母親要是沒什麼特別疾病，應該都還健在。這會兒早已端坐在慈寧宮，好好等著你們夫婦倆啦。

第三天向皇太后行朝見禮是一件大事情，因此不適宜摻雜其他的事情一起辦。到了第四天，皇帝又率領群臣去向皇太后行禮朝拜，然後發一份正式的詔書佈告天下：「老子結婚啦！」這些事情辦完之後，皇帝就回到太和殿，借著上早朝的名義，接受衆大臣的祝賀，而且這祝賀還不能光用嘴說，得一個字一個字地寫在奏摺書上呈給皇帝。

到了第五天，終於輪到你受禮了，因為這一天，皇貴妃會率領各位妃嬪、公主以及內命婦到宮中向你行禮。你只需穿著尊貴的皇后禮服，端坐在客廳的寶座上，面帶矜持的微笑，一一應對，再認認人，記住她們的臉和封號位分就行了。這樣以後宮鬥時，才能找準對象。要實在記不住也沒關係，反正以後，她們天天都得來向你行禮，總會一一記清楚的。何況你身邊還有伺候的宮女，還有你帶進宮的娘家侍婢，她們會幫你留意一切的。

第六天，終於輪到你娘家人風光了。這一天，皇帝和皇太后都要分別設宴款待你的娘家人。太和殿與慈寧宮早就備上請客的桌椅板凳和美酒佳餚了。到了吃飯的時候，群臣以及你娘家的男丁就前往太和殿喝酒，娘家的女眷們則前往慈寧宮赴宴。吃過這頓飯，大婚禮就算全部結束，從此之後，生活就要靠你自己掌控，而且還要背負著偌大一個後宮的管理事宜，你就小心努力應對吧。

不過還有一點你應該高興。按照清宮律例規定，大婚後的一個月，皇帝和你都得住在坤寧宮的東暖閣，直到滿月後的第六天才能分開居住。這時候，你可以在東西六宮中隨便挑選一個宮居住。沒辦法，誰讓你是皇后，即便皇帝再不喜歡你，這特權還是得給你，這就叫規矩。

其實重點並非這個，而是這難得的能與皇帝同房的一個月。古代向來講究嫡庶尊卑，你是正宮皇后娘娘，你的孩子固然是嫡子，但倘若能生出一個嫡長子，自然地位無比尊貴。何況你是原配，勝過其他任何一個人，祖宗規定這樣的「特權」，那也是有理有據的。從生理學的角度上來看，一個月剛好是女性的一個月經週期，就算清朝沒有那麼標準的測算排卵期的程式或工具，只要皇帝肯規規矩矩陪你一個月，這受孕的機率還是相對高的。

但規矩放在那，還得人遵守啊。從史料可以看出，清朝皇帝在皇宮中舉行過大婚的一共也只有四位，其中也只有康熙皇帝一人在坤寧宮住滿了一個月。剩下的幾位，都是不到三五天就找藉口走了。

生氣吧，憤恨吧，怨天尤人吧？可那又能怎麼樣？除了怪體制不健全，沒能讓你們先戀愛後結婚之外，也只能怪自己沒有留住老公心的本事了。

侍寢制度

後宮這個地方之所以讓人嚮往，是因爲一旦進去，就有很大可能過上錦衣玉食的生活，而且還可能爲家族帶來無上的榮耀，甚至可能成爲母儀天下的女人，再在將來當上最尊貴的皇帝的媽，是爲「犧牲你一人，成全一大撥。」

但後宮這個地方也會讓人厭倦，讓人心生恐懼，甚至讓人產生想死的衝動。因爲身在其中，有著無數的競爭對手，大家明爭暗鬥，爾虞我詐，無所不用其極，爲的就是比別人獲得的多一些。更是因爲，一旦住進紫禁城，將可能面對無數個孤寂冷清，獨守空房的日子。原因很簡單，皇帝只有一個，就算大家均分著用，也是很難勻得開，萬一再遇上一位身體不怎麼好的老公，也沒能讓你生個一男半女，他就撒手人寰了，那這輩子估計就只能用淒風苦雨來形容了。

不過，操心這個問題的，可不只你一個人，實際上皇帝們也爲此頗爲頭疼，爲了公平起見，在很早的時候就有人爲皇帝專門制定了后妃侍寢制度，爲的就是在保障後宮各女子權益的前提下，也適當地約束一下皇帝本人。但規定是規定，有用沒用的姑且先說著。

早在漢代的《春秋傳》中就曾記載過皇帝後宮女子的進御制度。那時候後宮有名分的女子共一百二十一人，那些伺候人的宮女則不計其數。當然，天下女人都是皇帝的，他可以按照自己的喜好挑選任何女人與之發生關係，但他也有義務和這一百二十一個有名有分的女人定期過過性生活。

當然，這一百二十一個女人不可能亂哄哄地同時上吧，於是她們就被按照位分進行分配。其中所占人數最多，也是位分最低的爲御妻，共八十一位，每個月她們能夠有九天時間來分享皇帝，按照平均分配原則，每天晚上有九個女子有機會和皇帝共度，當然，也可能有的皇帝比較強悍，能九個一起臨幸，這內宮祕事也實在沒有什麼資料有如此詳細的記載。御妻之上，有二十七位世婦，她們能夠分享皇帝的時間每個月只有三天晚上，平均每晚也是九個人。世婦以上有九個嬪，共用一晚上。嬪以上有三位夫人，也是共用一晚上，但這樣分到皇帝的機率顯然要大得多。

這裡頭還有一個規定，除了皇后和夫人之外，其他位分的女子超過五十歲之後就不能進御了。既然已經失去了生育功能，就不要再「占著茅坑不拉屎」了。

當然，相信沒有哪個皇帝也會鍾情一個女人到她五十歲，倘若眞的有，估計也想方設法封爲皇后和夫人了，絕不會讓對方待在一個不高不低的位置掙扎著。

這一百二十一個女人根據位分分開了，掰著指頭數數你肯定已經發現，這一輪十五天，也就是半個月的時間。在古代，對時間非常講究，那是根據月亮的圓缺來的。所謂「晦者陰滅，望者爭明」，逢初一、十五這兩個特殊日子，皇帝按理是不能臨幸嬪妃的，因爲女性屬陰，月亮也屬陰，陰氣太重於龍體無益。

規矩倒是很早之前就那麼定下了。但這規矩的制定者同時也是執行者，而且他還沒有人能束縛得了，因此在歷朝歷代，都有很多皇帝完全無視這規矩的存在，夜夜笙歌不說，後宮女子更是多而不厭，眞是不知道耽擱了多少女子的一生。

到了明朝，進御制度又從之前的「亂來」變得規範化起來。而接下來的清朝，在很多事情上都是「清承明制」，就包括了進御制度，變得更加嚴密，更加規範化。

還記得前面說過選秀的事吧，因爲清朝有點民族歧視，所以後宮女子都是八旗子女，鮮見漢人，尤其是在清朝前期。可是這清朝又有點特別，那是滿人從關外打到關內，奪了漢人的天下。這曾經的明朝轄域廣，漢人多。可是滿人不一樣啊，在草原上以遊牧方式生活，環境惡劣，人口數量根本沒法和漢人比。在這樣多重的侷限性下，反而使得清朝後宮的女子人數少於之前任何一個朝代。

人少好管理，而且只要不是特別醜陋或者患有傳染病的，這些後宮女子多多少少也還是能和皇帝見上面，不至於一生淒風苦雨地待在宮裡，連皇帝長什麼樣子都沒見過。人少對於皇帝來說也是件好事情，儘管在皇家傳宗接代是頭等大事，可相信你也知道，後宮放太多女人，實在也用不過來。

其實只要皇帝精力充足、身體健康，而且能夠換著嬪妃走動走動，實際上要生孩子也是很容易的事，畢竟男人只須提供點東西就行了，懷胎十月那是女人的任務。爲什麼說對皇帝是好事呢？一來人少可以便於皇帝約束自己，按照進御制度來辦事。二來皇帝也不至於在百花叢中迷了眼，整天只想著風流韻事，耽擱朝政不說，也傷身體。

因此，還是得把規矩放在眼裡，即便不完全照做，也得時常做做樣子遵循一下。按照宮裡頭的規矩，皇帝臨幸嬪妃是專門有一個機構在管理的，稱爲敬事房。一聽敬事房這名兒，是不是感到耳熟？沒錯，就是掛著綠頭牌子的地方，而那位每天端著盛滿綠頭牌的托盤，跪在皇帝面前請翻牌子的太監，就是敬事房的高級工作人員。他除了負責請皇帝翻牌子，還負責記錄皇帝的性生活，這其中要詳細到年月日時，以做爲日後受孕的依據。

這綠頭牌子，實際上不用介紹你也很熟悉了，反正就是寫著眾多妃嬪名字的木牌，當然，皇后除外，無名無分的除外。

每天，在皇帝吃晚飯的時候，敬事房的太監就會端著銀質盤子來找皇帝，如果這天晚上皇上沒什麼興致，那直接差太監退下就可以；如果有，那麼把他想要見的這位女子的名牌翻過去即可。

片刻工夫，消息就會一層層被遞下來了。如果皇帝翻的是你的牌子，首先是由敬事房的小太監小跑著到你宮裡，通知今晚要侍寢啦。

然後，（通常這個時候，你的宮裡會充滿喜悅）奴婢們就會忙碌起來，準備洗澡水的準備洗澡水，準備衣服的準備衣服，梳頭的梳頭，補妝的補妝，負責的人不同，有條不紊。做這些事情通常要花上好一會兒的時間，因為你得收拾得香噴噴的，才能去伺候皇帝。

待到皇帝把晚飯忙完，或許再批上一會兒摺子，你這邊也收拾打扮完畢了，侍寢時間也到了！這時候，就會有太監過來接你，你得赤條條躺在床上，等著太監們用早預備好的高級毛毯把你包裹起來，直接抬往皇帝的寢宮。實際上到了這一步，你就會發現，前面費心準備一大堆東西其實都是白搭，走個過場而已，最後只能一絲不掛地去完成任務。

你可能會覺得奇怪，去侍寢，穿得花枝招展，坐馬車去不就行了？反正到了皇帝面前，有的是時間寬衣解帶，幹嘛非得這麼「猴急」，直接光著去呢？這樣連基本的情調都沒有了！

話是這麼說，可是你畢竟生在清朝，如若在明朝之前，去侍寢大可不必如此，只因爲明朝嘉靖年間，後宮出現過侍寢女子攜帶兇器刺殺皇帝的宮廷醜聞，皇帝才改變了侍寢制度。你不是想帶著兇器來行刺嗎？我乾脆讓你赤條條進來，沒地方藏東西，斷了謀殺親夫的念頭！

赤身入殿這件事情還不算氣人，後面還有更奇葩的事情。在進御制度中明確規定，后妃入養心殿侍寢是不能留宿的，也就是說，辦完事兒你就得走人！

「這算哪門子規矩嘛！這夫妻情分，可不是單純地行個魚水之歡就能夠培養和延續的，要在一起睡覺，共同告別黑夜，共同迎接黎明……」先把你的浪漫思想放一邊，咱們說點更讓人不爽的。

當你被抬到皇帝的龍床上，實際上夫妻生活就已經開始了，這調情的事情有沒有，這裡就不八卦了。關鍵是，內侍太監可在外面站著崗呢，隔著那薄薄的帷帳，他能聽不到裡面的動靜？他的任務還眞是站在那裡聽動靜的！不但聽動靜，還得計時！

雖然遍查典籍也找不到計時到底要計多久，但能知道規定時間一到，內侍太監就會尖著嗓門喊一聲「時辰已到」，尾音拖拽得有些長，讓你不由得一個激靈，估計也影響了當時的心情。要是皇帝忽略這聲提醒，幾分鐘之後，又會聽到第二聲重複，就像設定的鬧鐘一樣準時，直到把皇帝喊得有些不好意思了，遂招呼人把你抬回去。然後，敬事房的太監就會把今天晚上發生的事情，一筆一劃地記錄在皇帝的「性生活日記」上。

你說這男歡女愛的事情，本是一件令人身心愉悅的好事兒，可在這後宮之中，怎麼做起來就變得這麼彆扭？像是完全爲了傳宗接代，根本不考慮當事人的感受。你就這麼一絲不掛地出現在皇帝面前，還得他立刻就能對你產生欲望，即便這條件都具備了，但顛鸞倒鳳之際，驟聽外頭一聲高喊，眞是掃興之極。匆匆忙忙來，又匆匆忙忙送走，兩人連說話的工夫都沒有，如何培養感情？

可是，聰明的女人就要懂得如何在這有限的時間內，發掘無限的可能，讓皇帝更常地想到你，離不開你，願意寵著你，那你就找到最大的靠山了。關於這些策略，我們放到後面說。

雖然進御制度上是這樣規定的，但實際上，也不是每個皇帝都會遵守，記錄在冊可以理解，這是爲了查證，也是爲了保證皇家血統的純正。但這個半夜叫醒抬回就讓人有些不舒服了，因此，很多時候，只要皇帝願意忽視這個規矩，你就不用太擔心。

那麼關於皇帝的這本「性生活日記」，你是不是覺得特別不好意思，閨房情趣本來是很私密的東西，現在好了，不但有太監「聽牆根」，居然還記錄在案，那是不是還要廣爲傳閱呢？

最後一點你可以放心，關於這些記錄，除了敬事房管這塊的太監知道，皇帝自己可以翻閱之外，後宮的女人中，唯有太后和皇后有權力查閱，而且隨著皇帝駕崩，這私密的日記也要隨之焚毀。

講完了明面兒上的進御制度，再說說看不見的規矩。儘管清朝的進御制度已經趨於完善，尤其是在乾隆皇帝做了些更改之後。但凡是制度肯定存在漏洞，而這裡的漏洞就在皇后和太監這裡。

這意思是，要是得罪了皇后，日子就不好過了；要是得罪了敬事房的太監，那就死定了。有言道「強龍難壓地頭蛇」，敬事房的太監是每天整理綠頭牌子，並把它們放到銀盤中的人。回想一下你看過的清宮戲，什麼時候會有四五個太監排成隊，端著銀盤來讓皇帝翻牌子的？沒有！一般就一人，端著容量有限的盤子來辦這件事。

於是，盤子究竟放上哪些人的綠頭牌子，就屬於潛規則的範疇了。你不信，就隨便開罪一次試試，要是哪天敬事房的管事太監背著手走進辦公室，踱步視察，然後在你的牌子面前停下來，不陰不陽地說一句：「某某主子這塊綠頭牌都舊了，趕明兒新做一塊換掉。」我敢保證，在當天下午，你的牌子絕對不會出現在那個銀盤裡，而且此後的幾天甚至幾個週，幾個月，也不會出現。這個時限就看你得罪的程度和醒悟的程度了。

要是智商足夠高，你就應該知道，有時候看似地位很低的人，實際上是很重要的。快搜羅一下你藏著的那些寶貝，找一些好塞，目標不是很大，但又值錢的東西出來吧。要記住，有錢能使鬼推磨！

第 肆 章

紫禁城裡的「潮女」們

《太眞外傳》曾記載一件事情，說是楊貴妃縊死於馬嵬坡之後，有一個村婦拾到楊貴妃的一隻錦襪，如獲至寶。於是這名村婦逢人就宣傳，自己手上有唐明皇寵妃楊貴妃的「原味」錦襪。這一傳十十傳百，便引來了很多想要目睹錦襪模樣的人。精明的村婦從中找到了發財之道，於是也不下地幹活兒了，每天端著個小臉盆就在門口坐著，凡是慕名而來的「客人」，先收一百錢，再請進家中參觀楊貴妃的錦襪，一來二去，村婦竟成了十里八鄉的富戶。看來，發「死人財」的確是一個賺錢的偏門。

從這個故事可以看出一個事實，自古以來，宮廷之物就是高貴與神祕的象徵，以至於一雙楊貴妃穿了還沒來得及洗的襪子，都能讓一個普通村婦以招攬參觀方式，過上富足的生活，何況是其他？

當然，宮廷之物，不單讓人好奇，更讓人豔羨。這就像每天朝九晚五爲省幾毛錢辦張會員卡，還要挑「大贈送」活動時機的人，去看滿屋子愛馬仕包包的新加坡名媛時的感覺，羨慕嫉妒恨，外加遙不可及的蹉跎感。

這事兒在大清也是一樣，活躍在紫禁城中的女人，都是「名牌傍身」的潮女，儘管絢麗昂貴的珠翠壓得腦袋發暈，厚厚的「高跟鞋」讓腿肚子打顫，可她們依然引領著時尚潮流，永遠被模仿，從未被超越。

後宮女子頭飾

琳琅滿目的清宮劇估計都已經讓人看得有些審美疲勞了，再加上各種穿越，更是混淆視聽，讓人辨不清究竟身在何方，聽著什麼樣的語言。不過，你要是從我這裡搭乘「穿越的小地鐵」，有些東西還是要交代清楚的，比如那用來傍身的從頭到腳的衣著服飾，要是拉扯錯亂了，搭配撞衫了，可是有掉小命的危險。

要是覺得當清朝後宮的女人不容易，頭上總得頂著那麼一個比腦袋還大的旗頭，壓得當真抬不起頭，那你就錯了。要是還沒混到慈禧的那個年代，實際上在清朝後宮中，還沒有「占地面積」那麼大的旗頭。

「那我去了該梳什麼頭?」

別著急啊,清朝泱泱大國幾百年歷史,還是有一些區別的,事物總是在發展變化中,不能一概而論。當然,能進得後宮當上皇帝的「同房候選人」,在乾隆之前,至少肯定是個旗人。

既然是旗人,應該早就懂得旗人的梳頭規矩,在入關之前,旗人都是怎麼生活的?(那時候也還不叫作旗人,應該稱作滿族女子)沒錯,就是大部分時候在馬背上,以騎射爲生活重心。那要是長髮飄飄,隨風飛揚,不但招蜂引蝶,增大阻力,還容易引發事故,因此,滿族女子通常都是把長髮編成辮子,然後在頭上盤成髻。這樣不但簡潔利索,晚上睡覺的時候,還能把髮髻當成枕頭,眞是一舉兩得。

不過身爲女子,無論是怎樣豪放不羈的民族,愛美總是天性,最能顯示女子美麗的長髮既然被盤起來了,怎麼也得弄點亮麗的東西裝飾上去吧,沒有華麗的珠翠,一根雕飾的木簪也能凸顯女性的柔美。

待到努爾哈赤建立了後金國，慢慢就開始建立起一些制度，這其中便有冠服制度。他後宮的這些后妃命婦也有了不同層次，要求嚴明的「工作服」，當然也少不了頭上的裝飾。爲了朝冠的需要，她們將束髮鬆散開來放到腦後。

可是入關以後就不一樣了，漢人的廣闊天地，多元文化，霎時間讓長期面對遼闊草原單調風景的滿人迷花了眼，最重要的是，這裡再也不用騎馬了，尤其是進了紫禁城這個四角的天空，滿腦子只圍著一個男人轉，心思當然放在「女爲悅己者容」上面。於是，滿族女子的頭飾開始豐富起來，應運而生的，是更加健全的冠服制度。

要是來到清初的後宮，可要注意了，這時候的幾位皇太后以及皇后都是非常節儉的，她們本著「打天下容易守天下難」的大方針策略，一心一意配合皇帝勤儉持家，即使髮型已經變成了「小兩把頭」，卻不佩戴奢華頭飾，頂多插點鮮花做爲裝飾罷了。

當然，我還得說說什麼叫小兩把頭。

小兩把頭就是先將全部頭髮束到腦後，然後借助一根扁長的簪子，將頭髮分成兩縷，分別向左右纏繞在簪子上，最後再用一根簪子橫向插入固定。這個髮型的誕生是有原因的，爲了配合冠服制度，后妃們除了大典時要戴朝冠，其他喜慶的節日還多了一種叫「鈿子」的頭飾。鈿子前面像鳳冠，後面有覆箕，上面可以裝飾很多珠翠、簪子等飾物。鈿子戴在頭上，再將髮辮垂在腦後就顯得不倫不類了，因此出現了小兩把頭這種髮型。一來可以和鈿子搭配起來，二來，在非節假日，也可以在頭上裝飾點簡單的鮮花。

囉囉唆唆講了這麼多，其實只是想說，身在清初的後宮裡，即便想打扮得漂亮一些，也是有條件限制的，一來裝飾品沒有這麼多；二來，太后皇后等高高在上的女人都那麼質樸，你要是太過花枝招展，那不是自尋死路嗎？

幸好這一拘束到了乾隆朝的時候，終於有了改觀。我們的「十全老人」接過雍正老爸的擔子，擼起袖子準備像爺爺那樣大幹一場，當然也在他的努力承接下，開創了康乾盛世的黃金時代。

正所謂「國富民強」，或者「一人得道雞犬升天」，因爲皇帝讓天下安樂了，天下人民也或多或少懂得感恩皇帝，每年都換著法兒地向京城進貢好東西。而皇帝看見那麼多好東西，知道有那麼多人孝敬他，自然眉開眼笑的，對後宮中人也相對溫柔，有好東西也毫不吝嗇地打賞。於是，各種稀奇名貴的首飾流傳於後宮中，這也大大刺激了這個「女兒國」裡各式美女的天性。大家競相收拾打扮，首飾珠翠供不應求，進而又刺激了民間首飾工藝的發展，這個現象放在現在，應該叫作撬動內需。

對於后妃來說，看著面前越來越多讓人眼花繚亂的金銀、玉石、珍珠，總是恨不得全部裝飾到頭上去，這時候，小兩把頭的侷限性就顯得尤爲突出。爲了美麗，女人們總是會湧現出無窮的靈感，髮架也就應運而生。

這種看似眼鏡架的東西或用鐵絲擰成，或用木頭製成，最大的好處就是能夠與頭髮配合，穩穩地固定在頭頂，待頭髮在髮架上纏穩且用針固定之後，那琳琅滿目的飾品就有了發揮的餘地。這還不算，腦後還剩下一些垂髮，就梳成扁平狀，用髮帶束起來，微微上翹，從側面看就像是一隻待飛的小燕子，因此也稱為「燕尾」。

髮架拓寬了腦袋上方的區域，用來裝飾自己以供搶眼的東西就多了起來，但並非每個女子都能有一頭濃密的秀髮，怎麼辦呢？為了達到「雙架垂於兩鬢間」的效果，只能填充上一些假髮來充門面了。無怪乎清代詩集《草珠一串》戲說道：「頭名架子太荒唐，腦後雙垂一尺長。」

珠寶首飾上了頭，有一樣東西為其中之最，那就是簪子。在大清，簪子是非常能夠寄託寓意的物件，因此也成了朝臣命婦和外臣們拍馬屁的好東西。乾隆皇帝為母親辦六十大壽的時候，壽禮中的簪子就讓人眼花繚亂、瞠目結舌。什麼日月升恒萬壽簪、事事如意簪、梅英采勝簪、萬年吉慶簪等等，這些簪子用料昂貴、做工考究，能留到現代的，已經成了無上珍寶。

你要問，這麼多名貴東西，戴得完嗎？你看看你那滿衣櫃的衣服，穿得完嗎？可不照樣不斷地買？女人對於美麗的東西總是缺乏抵抗力，何況任你天生麗質，爲吸引皇帝注意，還是要打扮打扮。

其實到了這個時候，傳統印象中的旗頭依然沒有出現，所以，當看到無數清宮劇中與時代不符的旗頭亮瞎眼球的時候，千萬不要信以爲眞，那只是一種錯誤的背景安排罷了。

直到慈禧時期，才眞正出現了旗頭。而它的出現其實也和慈禧的隱私有關。話說這位老奶奶到了晚年，花容早已失色，就連曾經的一頭秀髮也掉得差不多了，根本沒辦法再梳傳統的小兩把頭，於是發明了一種更加便捷，裝飾性更強，且不用自己的頭髮去固定或修飾的頭飾，俗稱「大拉翅」。

請注意發音，一定要帶上濃濃的東北口音，「大——拉——翅」。

沒錯，就是這麼個讀法，因爲這個東西出現於京城，因此民間也稱其爲「大京樣」。眞不明白爲什麼那麼好看的東西名字卻那麼古怪。

大拉翅是一個類似扇形的硬殼，一尺高，下端用鐵絲按照頭圍大小做成一個圓箍，由底及頂也是用鐵絲做骨架。然後用布袼褙（漿糊黏合起來的多層布）做內胎，外面包裹上青絨布和青緞。如此，那些簪子、釵、絨花、金銀花便可以大面積地裝飾上去，而且比以前省事多了，直接搭配好，戴在頭上就行。《清宮詞》對此是這樣描述的：「鳳髻盤出兩道齊，珠光釵影護蝤蠐。城中何止高於尺，叉子平分燕尾底。」

不過，要是以爲這東西眞的像電視上那麼普及，連宮女都可以戴得花枝招展的，那就錯了，不信你戴一個試試，立刻招來橫禍！也不看看這玩意兒是誰的發明？是慈禧老佛爺！這位奶奶一生愛美，獨愛豔麗的東西，權力欲也非常強烈，她老人家爲了掩飾脫髮困擾發明了這麼一個好東西，你去湊什麼熱鬧？除非你是她的兒媳婦，而且還得是那個討她喜歡的。也許她會微笑著贊許你的年輕美麗，再高興了，取下頭上的花開富貴簪賞給你也未嘗不可。因此，想要擁有往漂亮裡去打扮的資格，就要先懂得討好那些如若看你不順眼你就得死的人！

當然，那是在老佛爺在的時候，有這樣不是規矩的規矩。待到老佛爺駕鶴西去，誰還管得了那麼多。大拉翅畢竟是個高大上的發明，大家都想追捧，只要錢包裡有足夠的鈔票。因此，連宮外的貴婦也有了這樣的裝扮。

說到底，身為一個滿族女子，你應該感到驕傲的。雖然在生活習慣和潮流腳步上，都趕不上漢人那麼「洋氣」，但滿族女子愛美的心是無與倫比的，在髮型頭飾方面，一直引領時尚潮流，成為漢人爭相效仿的對象。因此，你坐在銅鏡前，由一幫下人伺候著收拾打扮，往頭上插花的時候，一定要面帶微笑。這不僅能讓你看起來更有親和力，而且這本就是你該感到驕傲的事情！

不過，身為紫禁城中引領時尚的潮女，光是頭飾怎麼能盡顯潮流趨勢呢？肯定要搭配上當季新款了。但這新款也有新款的規矩，在後宮中，不同級別所能穿到身上的潮流衣服是不盡相同的。

冠服制度

先說個大概的。清朝自康熙皇帝起逐漸完善了冠服制度，這一制度主要約束的是朝臣們，當然連后妃們也一併管上了。說是約束，不如說是彰顯等級尊卑，人的高低貴賤，從衣服中一眼就能看出來，不像我們現在，還講究低調的奢華，那時候可是赤裸裸地炫富。

單看后妃冠服的分類就可見一斑，冬朝冠、夏朝冠、吉服冠、朝褂、朝袍、龍褂、龍袍、領約、彩帨和朝珠等都不可缺少。

先說說這朝冠。冬夏之分就不用細說了，北方四季分明，要說的是這個款式。大清的朝冠和其他朝代的朝冠有著明顯的區別，因為它明顯地保留了滿族的舊制。

冠分為兩種，一種是綴有紅纓的覆缽式複冠，另一種是覆缽式卷簷冬冠，它們都有共同的標誌，那就是頂子。冬冠的製作材料為薰貂，夏冠的製作材料為青絨。在這個等級分明的社會，從朝冠的細節就要開始區分高低貴賤。

比如說皇后的朝冠，那必須是最高貴華麗的。頂分為三層，每層都飾有金鳳，金鳳上各有三顆東珠，十七顆珍珠，珍珠上面又銜著一顆大東珠。紅纓的四周有七隻金鳳，每隻飾有東珠九顆，珍珠二十一顆，貓眼石一顆。冠後面繡著金翟，也就是一種類似簪子的首飾。在金翟頭上裝飾著一顆大的貓眼石和十六顆明晃晃的珍珠，翟尾就更霸氣了，垂有五行共三百零二顆珍珠，每行分別有一顆顯眼的大珍珠。冠後部正中間銜著青金石結一塊，裝飾有六顆東珠、六顆珍珠，末端還綴有紅色的珊瑚，其護領綴著兩條明黃色的條條（用絲編織的帶子或繩子），帶有青緞，末端還綴著寶石。

怎麼樣，是不是晃得眼睛都花了？這華麗的東珠啊，珍珠啊，寶石啊，隨便一顆都價值不菲，怪不得那些盜墓賊都豁出命去幹呢，利益可觀哪。當然也不是每個盜墓賊都那麼「幸運」能見到皇后的朝冠，畢竟皇后人數少，地位尊貴，使用的東西稀奇著呢。

不是每個女人都有皇后命，皇貴妃、貴妃等等，也有屬於她們這個等級的朝冠。咱們從高到低的順序一一往下說。

皇貴妃的朝冠可以參考皇后朝冠的樣式來，不過裝飾的珍珠和東珠都相應地少了一些，比如這紅纓周圍，也有七隻金鳳、東珠以及珍珠，但少了那顆珍貴的貓眼石。冠後垂著的珍珠成了一百九十二顆，中間銜有青金石結一塊，周圍飾東珠和珍珠各四顆。其餘的部分與皇后朝冠相同。

貴妃的朝冠和皇貴妃的基本沒有什麼區別，只是冠後的護領條條採用金黃色。

到了妃的朝冠，造型上與前面三檔次就區別開來了，頂變成了兩層，均承有金鳳，金鳳周圍裝飾著七顆東珠和十七顆珍珠，上銜貓眼石。紅纓四周的金鳳有五隻，各襯著七顆東珠和二十一顆珍珠。金翟尾垂著的珍珠共一百八十八顆，剩下的部分與皇貴妃朝冠相同。

嬪的朝冠就更簡單些，就一層頂，紅纓四周金鳳五隻，各飾有五顆東珠和十九顆珍珠。金翟尾垂珍珠共一百七十二顆，剩下的裝飾和妃的朝冠相同。

至於貴人、常在、答應和官女子，對不起，還不夠格，沒有戴朝冠的編制。很多正式場合不便出席。怎麼樣？是不是頗受刺激？現在知道爲什麼宮鬥總是那麼慘烈，爭上位又總是那麼熱門了吧？低人一等，待遇不同不說，尊嚴面子上也是過不去的，既然已入深宮，唯有往高處走才是正道啊。

說罷朝冠，還得說說朝冠的配飾。怎麼，你嫌麻煩了？身在這個必須講究的環境中，嫌麻煩可是最危險的事情，何況後宮女子長日無事，能有個機會花上幾個時辰來穿著盛裝，也是打發時間的好辦法。再說了，當穿衣打扮成爲一種制度，勢必要有嚴格的步驟和規定的。

比如說這個金約。什麼是金約呢？其實它也是一種頭飾，就像我們今天的髮卡一樣，只是材質要高檔一些，多為黃金製作，且在後部還有垂綴的串珠。后妃們在戴朝冠的時候要先戴上金約，目的是固定住頭髮，並使其很好地托住朝冠。當然，金約也不簡單，這是用十多片弧形長條的金托銜接而成，雕刻有金雲紋，裝飾有東珠和青金石。后妃等級，在金約的金托片數以及金雲、東珠的數量上顯示出來。

地位最尊貴的皇太后和皇后，她們的金約是一樣的，由十三片鏤金雲片連接而成，織金緞裡，共飾有十三顆東珠。後面繫有金銜綠松石結，下面綴有五串珍珠，每串都分為三段，共計三百二十四顆，且每串起始的地方都是一顆大珍珠，明顯區別於其他。而分段的地方又有金銜青金石結兩塊。所謂金銜青金石，實際上指的是一種工藝，用累絲雲邊的橢圓形小金板做底，上面鑲嵌一塊青金石，周圍再裝飾上東珠和珍珠各八顆。在這垂綴著的五串珍珠末端，還有五顆膽形的珊瑚墜子。

皇貴妃的金約構成少了一片鏤金雲片，相應也只有十二顆東珠做裝飾。後面的金銜綠松石結下綴著三串珍珠，每串分三節，共二百零四顆。分段處同樣有金銜青金石結，只是雲邊上裝飾的東珠和珍珠變成了各六顆。剩下的部分與皇后相同。

在金約上，貴妃和皇貴妃的待遇是一樣的，沒有什麼細節的不同。到了妃，雖然也有十二片鏤金雲片，但東珠變成了十一顆。綴著的珍珠串珍珠顆數也減少到了一百九十七顆。

嬪所使用的金約與前面這些比較，自然要顯得樸素一些，但在尋常百姓看來，也是奢華萬分的。八片鏤金雲，八顆東珠做裝飾。後繫金銜綠松石結，綴三行珍珠共一百七十七顆。

說到這裡，先喝口上好的雪頂含翠歇息一下，密密麻麻介紹了一大堆，是不是腦袋都有點暈了？這成百上千顆的東珠、珍珠、貓眼石、青金石……都要同時設置在一頂冠上，不但排列要細緻，而且還得美觀大方，這得製出多大的一個朝冠來？實際上，參考一下實物圖就能知道，這些珠寶細密地排列著，緊湊地簇擁在一起，珠圍繞石，不偏不倚，造型別致，熠熠生輝，讓人不得不感慨清朝的珠寶設計師們精湛的工藝水準。

而且，你應該已經注意到了，我們其實只說完了頭上戴著的東西。現在，把視線稍微往下移一點，來看看后妃們的耳飾吧。

滿族婦女有一個傳統，每只耳朵都要打三個耳洞，分別戴三隻耳環。這個習慣自然也被帶到了清朝後宮中，而且在此傳統基礎上進行了優化，創造出了各式各樣的耳飾。有的凸顯珍珠的光華，有的強調寶石的名貴，還有的則講究造型的別致。總的說起來，後宮中的耳飾分為兩大類，一類叫作耳墜，其特點是綴有流蘇；另一類沒有流蘇的則稱為耳環。在這耳飾上，也是有嚴格的等級區別的。

《滿洲源流考‧物產》中有述：「東珠出混同江及烏拉寧古塔諸河中，勻圓瑩白，大可半寸，小者亦如菽顆（大豆）。」意思是，東珠也是有品相之分的，而且在清代就已經明確地定義出等級了。

皇太后與皇后搭配朝冠的耳飾左右各三具，每一具都裝飾成金累絲龍頭，分別鑲嵌兩顆一等東珠。皇貴妃的耳飾造型與之相同，但採用的是二等東珠；妃採用三等東珠；嬪採用四等東珠。

不管是冠，還是耳飾，都是冠服制度中的一部分，實際上是在參與重大活動時的服飾，這些繁雜的冠服不但講究設計的款式，季節的協調，還講究色彩的搭配，眞可謂面面俱到啊。而且這些服飾的設計者都是當時國內頂尖的服裝設計師，且終身御用制，在民間，那是享受不到這種待遇的，哪怕飽飽眼福都很難。

衣服、場合以及顏色

前面秀完了頭上戴的，接著來秀一下身上穿的。像什麼「美圖秀秀」等修顏工具，那都是落伍的，在大清後宮，后妃們的衣服，可是比美圖秀秀所能製作出的效果要強大和美好得多，根本無需遮掩瑕疵的工具來做後盾。

先看這朝掛。皇后以及妃嬪們的朝掛共分爲三種款式，其統一的特點是圓領、對襟、後開裾。色調爲青石色，織金緞或者絲綢，以泥金紗鑲邊，衣服邊緣還會鑲嵌片金。一種款式是繡文前後各有立龍兩條，立龍下面有四層相間的褶皺，官方學名叫作「襞積」。造型就像今日的百褶裙一樣。在這些褶皺上繡有四條正龍，下方則有「萬福萬壽」四個字。在領後方有下垂的條條，裝飾有珍珠寶石，顏色爲最富貴的明黃色。

這種款式是皇后以及皇貴妃的服制，貴妃與妃嬪的朝掛與之相同，但最大的區別便是那領後條條的顏色，由明黃色降下一個檔次，變成金黃色。

第二種朝掛的款式，繡文前後有兩條正龍，以下是褶皺，到了腰線的地方則繡有行龍四條，再往下走是八條行龍的樣式。領後同樣以明黃條條或金黃條條區別身分。

第三種朝掛的款式，繡文前後有立龍各兩條，中間沒有褶皺，下幅繡有「八寶平水」的花樣，同樣以條條的顏色區分位分。

從朝褂可以看出來，整套衣服的顏色實際上並沒有那麼嚴苛的規定，並不像影視劇中所看到的，必須用象徵富貴的黃色。只是在領後的條條上，強調富貴顏色。

與朝褂比起來，朝袍就要相對複雜一些。首先它分爲夏朝袍和冬朝袍兩種。

冬朝袍也有三種樣式，第一種，批領和袖子的顏色都爲青石色，批領上的圖案爲兩條行龍，袖子上則各有一條正龍，到了袖口又各有兩條行龍。在兩邊腋下部分是貂皮邊加上片金，兩肩上下與朝褂銜接的地方也有金邊。繡文最是好看，金色的九龍，襯著五彩祥雲。下面沒有褶皺，直接接八寶平水圖樣。在領後同樣垂有明黃色的條條，上裝飾珠寶。

這種樣式，皇貴妃能與皇后享用同款。但貴妃到妃嬪就不一樣了，條條顏色變成了金黃色。

第二種樣式，領肩與袖子也爲石青色，兩腋處片金加上海龍邊，繡文前後各一條正龍，兩肩上各一條行龍，腰線處有四條行龍，下幅為八條行龍，上下間隔處有褶皺。這種樣式，從皇后到嬪都是一樣的，只是所有出現黃色的地方有區別，皇后與皇貴妃的為明黃色，其他為金黃色。

第三種樣式，領和袖子是片金加上海龍邊，後面開裾，剩下的造型和花紋都與第一種樣式相同，低級區別也和第一種相同。

夏朝袍與冬朝袍的區別主要在於材質，在北京那四季分明的地方，炎熱的夏天怎麼還可能穿著各式皮草呢？當然要換成輕如蟬翼的綢緞和輕紗了。質地變薄，款式也少了一種，但繡文等基本沒有區別，兩種款式的夏朝袍可以參考冬朝袍的第二種和第三種。不過，在細節上，夏朝袍卻多出了很多配飾。

首先，夏朝袍要嵌上領約。所謂領約，也就是項圈，戴在頸子上，約束衣領的一種配飾。在清朝入關之前，這個玩意兒的名字還叫作項圈呢，後來努爾哈赤改革了衣冠制度，才給了這麼一個官方的名字。而且那個時候，項圈是男人佩戴的東西，也是到後來才成為后妃的服飾之一。

皇太后和皇后的領約最爲華貴，由黃金打造，鏤空雕刻手藝，環繞龍紋。領約上平均分佈著八塊紅珊瑚，每塊紅珊瑚上又裝飾著一顆大東珠。在兩頭銜接處，垂著兩條約一尺長的明黃色條條。皇貴妃級別的，領約變成了銀質，裝飾的珊瑚和東珠也變成了七顆，象徵地位的黃色也改用杏黃色。貴妃與妃同樣制度，領約造型也與皇貴妃的相同，只是杏黃色條條又降了一個檔次變成金黃色。到了嬪，那就連鑲嵌的東珠都沒有了。

除了領約，朝珠也是朝袍的必須搭配品。而且這也是清朝皇帝、王公大臣及後宮嬪妃們統一的正裝配飾。朝珠共由一百零八顆珠子串成，共分成四份，間隔處有一顆明顯的、質地不同的大圓珠，稱爲「佛頭」，其中有一顆佛頭固定掛在頸椎處，加綴上一顆葫蘆形的珠子，稱爲「佛塔」，佛塔又連接著一串背雲，用黃絲條條垂下，中間繫著一塊寶石，末端有綴角垂在後背上。朝珠的兩肩處還有內容，左邊兩串，右邊一串小珠。每串由十顆珠子穿成，末端綴角，名叫「紀念」。

在宮中舉行大典時，后妃們都要佩戴三串朝珠，皇后與皇貴妃相同，中間掛東珠朝珠，兩邊搭配珊瑚朝珠；貴妃中間掛東珠朝珠，兩邊掛青金石朝珠；妃嬪們中間掛珊瑚朝珠，兩邊搭配琥珀朝珠。

這前掛後披，左一層右一串，這邊一堆珍珠，那邊大把寶石的，雖然奢華無比，但想來也是有些累的吧，怪不得搞個什麼活動的時候，看這些后妃一個個板著臉僵著身體，原來是制服太沉重，努力綳著呀。可關鍵還沒完，彩帨還沒戴上呢！

幸好這彩帨也沒什麼重量，就是掛在朝褂前面做裝飾的彩色長帕罷了，長帕上還繡著花紋，掛著針管和線。可爲什麼要有這個東西呢？《禮記·內則》中有云：「婦事舅姑……右配箴、管、線、纊，施縏帙。」意思就是縫紉女工等活計是一個婦女在家中應盡的義務。不管是皇后還是妃子，其實都是皇帝家裡的家庭主婦，這一點是不能夠否認的。

皇后與皇貴妃的彩帨上面繡著「五穀豐登」的圖樣，顏色爲綠色；妃的彩帨也是綠色，上繡「雲芝瑞草」的圖樣；嬪的彩帨同樣爲綠色，但上面不繡任何花紋。

朝褂朝袍說完了，還有一樣簡單的東西沒有介紹，那就是朝裙。實際上，最爲珍貴也最能彰顯地位的東西基本都說完了，相較起來，朝裙眞的算簡單的服飾，只是出現在朝褂朝袍下面，延長這兩款衣服的長度罷了。但即便是這樣，朝裙也照樣遵循著皇家鋪張奢華的風範。

朝裙也分爲夏冬兩種，根據材質來區分。冬朝裙片金加海龍緣，上面是紅織金「壽」欄位，下面是石青龍妝緞。夏朝裙則用緞紗製作。

從這些服裝中可以看出，滿族女子的喜好和漢族女子確有很多不同。漢人女子的衣服，束腰、及地長裙、走起路來裙擺搖曳，似一襲幽香由遠及近。而滿族女子呢？寬袖寬衣，長袍及腳踝，不管是胖子還是瘦子，通通能夠藏在這衣服下面，看不出任何身材曲線。但版型周正，所有的美均見於細節處的修飾。後來，滿族女子在中原生活的時間長了，衣服慢慢越做越緊身，越做越省布料，最後就有了凸顯身材到極致的旗袍。

大清特製的七分跟——花盆底鞋

對於愛美的女性來說，高跟鞋屬於這樣一種東西：它永遠以恰到好處的弧度，經典的造型和纖細的身姿吸引著你的目光，當你把它套在腳上的時候，會頓時覺得自信心爆棚，氣場強大，甚至年輕了好幾歲。可是，當你穿著它行走的時候，又頓時覺得天塌地陷，有一股難以抑制但又不得不強忍的衝動考驗著你的韌性，直到回到家，開門進家的一剎那，相信百分之九十的時光中，你都是先甩掉腳上的高跟鞋。是的，它就是這麼一個讓人又愛又恨的東西。美麗，但絕不會讓你舒坦。疼痛，但從不會令你忘懷。

說到這裡，是不是強烈的感同身受呢？然而你可能不知道，女性愛美愛高跟，這並不是現代才開始的事情，早在清朝時期，後宮女子們就已經開始迷戀高跟鞋所能帶來的氣場提升了，只不過當時宮中還不叫「高跟鞋」，而叫作「花盆底鞋」，當然，造型上和我們今天的高跟鞋也是有一點點差別的。

還記得前面說的冠服制度吧，後宮女子穿什麼來著？對，就是旗袍，這長至膝下或腳踝，兩旁開衩的美麗衣裙要是拖拽在地上豈不可惜了，折磨衣服料子不說，還容易發生自我踩踏事件。要是正陪著皇帝老公逛御花園賞花，不留神踩了自己的裙子摔一跤，這臉可就丟大了，萬一皇帝再火上澆油地治你一個「御前失儀」罪，這輩子豈不是玩完了？

因此，咱們寧可在入宮的時候多下點功夫，練習一下穿高跟鞋的本領，到了要發揮的時候，也能夠昂首挺胸，擺臂自然，顧盼生姿啊。

其實，花盆底鞋就是滿族曾經所說的「旗鞋」，也就是說，穿這種鞋子的習慣並不是入關後才有的，而是本來就在這個民族中流傳著的。關於此鞋的來歷，還有一些傳奇的說法。

在滿族中，自古就有「削木爲履」的習俗。一種說法認爲，古時的滿族婦女要上山採集野果草藥什麼的，因爲山上蛇蟲出沒，她們便把木塊綁在鞋底，靠著走路時發出的聲音驅逐蛇蟲。慢慢地，這種在鞋底綁木頭的造型就合二爲一，成了一雙鞋子，且製作工藝日漸精巧，發展成爲後來的高底鞋。

還有一種說法認爲，滿族的先祖們曾被人搶占了生活的土地，爲了報仇雪恨，奪回地盤，他們團結一心地朝著敵人進攻。可是這個過程中需要渡過一片泥潭。聰明的先祖們觀察到白鶴之所以能在這泥潭中站穩覓食，是因爲長著一雙修長的腿，因此先祖們效仿白鶴，在腿上綁上了長長的樹杈子，借此渡過泥潭，奪回失地。後來的人們爲了不忘那段苦難的歲月，也是爲了紀念那「高蹺」的功能，婦女們便發明了鞋上綁木頭的穿法，最終演變成了高底鞋。

傳說這種東西雖然有很多不可考的成分在裡面，但仔細觀察就會發現，每個民族都有著這樣或那樣的近乎神話的傳說，而且都願意把自己的民族描繪得幸運無比、無所不能猶如天助……不過這也怪不得滿族人民，他們就靠著那些馬背上的軍隊打到關內來，占去了漢人這麼大的江山，不說出點滿人比漢人高貴、有能耐的傳說來，如何激發出漢人骨子裡的奴性，來效忠他們呢？

實話顯然有些赤裸裸了，還是回到主題上來，繼續講講後宮的潮流高跟鞋吧。

花盆底鞋又叫作「馬蹄底鞋」，根據鞋跟的形狀分為馬蹄形、花盆形和元寶形三種，鞋面和一般的繡花鞋造型無異，但鞋底卻因為有一塊木頭而高起來很多，這木頭上面寬，與鞋底緊密吻合，下面圓，形狀很像花盆的，得名花盆底。還有一種是上面細，下面寬，前面很平但後面呈圓形，造型以及腳印都和馬蹄很像，因此叫作馬蹄底。想來這元寶底無需多描述了吧。但不管是什麼底，它們的材質和包裝造型都是一樣的。

這種鞋子的木頭底一般為一兩寸高，到了清朝中後期，逐漸增加到了四五寸。整個木頭底先要用白色的綢布包裹起來，然後再在木跟不著地的部位裝飾上串珠和刺繡。在後宮裡頭，是非常避諱直接使用白色來做裝飾的，稱爲「凶服」，因此鮮見哪位主子腳上的花盆底鞋跟是素淨簡潔的。

鞋跟已然如此，更不用說這顯眼的鞋面了。還記得《後宮甄嬛傳》裡皇帝專門賜給甄嬛的那雙蜀錦做的鞋子嗎？其實那也並不誇張，在後宮裡，要是得寵如甄嬛，肯定能享受到這樣高端待遇的。用難能可貴的緞面來做鞋面，上面的金絲繡紋不知道耗去了繡娘們多少時間，而且在細節要求極其嚴苛的後宮，這一針一線一個針腳都容不得錯亂，費工夫不說，主要是虐心啊，精神處於高度緊張的狀態，一旦犯一點錯，上司非打即罵，罰俸兼不准吃飯……因此，那些至高無上的榮耀和用來炫富的華貴物品，無一不是建立在女工們的汗水、淚水，甚至血水上頭的。

繡文只是這鞋面的美麗之一，上頭還要裝上珠寶等飾物，有的在鞋尖部分還有絲線編織成的穗子，長度剛好及地。走起路來，穗子晃晃悠悠，搖曳生姿，再襯上華美的裙子，高貴的褂子，聽著木頭鞋底敲擊石板地面的踢踏聲，眞眞是迷人。要是如此走在花園中，偶爾側身看看魚池裡浮上來呼吸的魚，恰逢皇帝從旁邊過，定然被你這身影所吸引。不信哪，看看這知名的慈禧太后不就知道了嗎？做爲一個有心機的女人，她不就是如此得見皇上一面的嗎？

后妃的車輦鹵簿

而今國家正在大力裁減公務用車，按理說，這車的等級，還有用車的數量，應該有著嚴格的規定。實際上，這也不是現代才有的事情。還記得秦始皇巡視國土時所乘坐的馬車嗎？那哪是馬車呀，幾匹馬共同拉車不說，光看車裡的設備，簡直就是面面俱到，只差沒安裝個家庭影院了。爲什麼呢？因爲人家是皇帝啊，天下之主啊，人家出巡一趟，不得什麼都備齊了，什麼都弄舒坦了！

實際上從那個時候開始，宮廷就已經有了嚴格的車輿制度，當然這也主要是以天子爲中心來設立的，不過身爲天子的親戚們，自然也有享受的權利。這一制度的特點就在於等級森嚴、不容逾越、規則細節繁瑣。

隨著朝代更迭，雖然車輿制度多有變化，但總的遵循著一點：體現皇家威儀。到了清朝也一樣，從皇太后到妃嬪們，每一個等級有每一個等級相稱的車輿，容不得半點疏忽，否則就是犯了掉腦袋的死罪。這種感覺就像老闆只是開著國產車，而你卻開著進口車去上班一樣的道理，雖然不至於犯上死罪，但這種行爲肯定讓老闆很不爽，老闆不爽了，你就未必有好日子過，在工作中就可能諸多不順心。

不過在清朝後宮中，倒也不用擔心這個問題，級別不到，那好的東西即便你垂涎欲滴，也是享受不到的。而身爲六宮之主皇后，隨便去到哪裡，場面一定要恢宏，氣勢一定要強大，「專車」也不可能只有一輛，不然，皇帝賜給她偌大的宮殿，闊個停車場都綽綽有餘了，滿屋子的金銀珠寶任其使用，不把這藍寶堅尼、瑪莎拉蒂和法拉利什麼的買齊了，還叫作全國最有權也最有錢的女人嗎？

但實際上，我們不能按照皇后有多少車輿來衡量宮廷的車輿制度，而是後宮中共有多少車輿，每一款都有皇后專用來測評。如此，不妨先來看看歷史上有名的慈禧太后的車輿吧。

身爲後宮中最有頭有臉的人，慈禧太后出門只喜歡乘坐鳳輿，她最喜歡的一輛鳳輿又叫作藤轎，這頂轎子質地輕盈，但十分結實。從外觀上看，前後左右都用金線紮著薄薄的綢子，襯著裡層掛著的黃緞。轎子四面分別繡著四條騰飛向上的藍色飛龍以及八隻昂首開屏的金鳳凰。轎子頂部如宮殿屋頂一般，有金色上翹的飛簷，轎頂正中央則有一個純金的圓球。

再來看看轎子內部，四面都用杏黃色的貢緞圍襯著，繡滿了吉祥的「八寶」花紋，分別有：象徵和合、富餘的淡紅色六角形小盒子；象徵鯉魚跳龍門的彩虹色龍門；象徵整齊有度的淺墨色鼓板；象徵昌盛和繁殖的灰頭銀色的相並玉魚；代表長壽的紅頂仙鶴；代表祥瑞的深綠色靈芝；代表和平快樂的白色磐；代表萬年長青的松樹。這些細緻精美的圖案一行行地排列著，讓整個轎子內部顯得富麗堂皇。如此看來，慈禧太后不愧是清朝名副其實的「土豪姐」奢華的代名詞啊！

其實，在清朝，后妃們的車輿是經過了一個從質樸到奢華的發展過程的。尤其是乾隆時期的皇后鳳輿。乾隆十四年，紫禁城內，一輛由鳳輦改制而成的鳳輿橫空出世。這頂被漆成明黃色的木質轎子高七尺，有兩層高一尺五寸的頂。頂上八個角，轎身四個角都裝飾有金鳳。

看轎子裡面，全部用明黃色的緞子圍成，四角高四尺七寸的柱子上繪有金色的鳳凰。轎子的門是雙開門，漆成淺紅色，高二尺六寸。轎子裡頭皇后的座位是一個高一尺七寸的朱紅色寶座，椅背高一尺八寸，漆成明黃色，並繪有金鳳。椅座上的墊子同樣是「皇家牌」的，明黃色緞面，繡有彩鳳。

再看看要抬起這頂轎子的支撐物。兩根長一丈七尺二寸的直轅木從轎子底下穿過，下面架有長八尺的大橫杆兩根，還有四根三尺長的小橫杆，以及長五尺一寸的肩杆八根。就這大橫杆上也不忘彰顯皇家富貴，漆上了明黃色，中部嵌有鐵鏤金的一對頭尾相向的金鳳。其餘的杆子也同樣漆成明黃色，橫向排列的鑽孔用銅扣相連，縱向排列的在銅扣上還裝飾有鏤金鳳。

如此奢華的一頂鳳輿，要十六個人同時用力才能抬起來，當然這其中不排除壯氣勢以及力平衡的問題。在這等級制度森嚴的後宮中，想要坐上這樣的車輿，當眞只能去覬覦后位了。

皇后也不是每次出行都得搞十六人抬轎的排場，正式場合那是要彰顯皇家威儀，自然得弄得霸氣外露一些。除了最華貴的鳳輿，皇后還有一個交通工具叫作儀輿，實際上這儀輿也不是皇后專用的了，皇貴妃，貴妃以及妃嬪們都可以乘坐儀輿，只是這儀輿的裝飾有所不同。

除了儀輿本身比鳳輿矮一尺一寸之外，整個轎子的體積都要比鳳輿小，但內裡裝飾仍舊奢華，皇后和皇貴妃使用的儀輿都是漆成明黃色的，內裡裝飾的帷幔也是明黃色，椅子上繪有金龍的圖案，而貴妃的儀輿所有色澤都變成了金黃色。最重要的是，這個儀輿只需要八個人來抬，比起那十六人大轎，的確很不一樣。

后妃出行，多用轎子，因爲大家的活動範圍都有限，儘管紫禁城是個遼闊的建築群，但說到底也只是一座城中之城，從這頭走到那頭，轎子完全能夠應付。不過偶爾，皇帝也會帶上皇后和那麼幾個妃嬪出宮祭天祈雨什麼的，轎子顯然就不如車馬來得速度快了。因此皇宮之中也有各類馬車，以備不時之需。這些馬車的編制其實和轎子差不多，極盡奢華，且等級分明，只是外形上多了輪子和駕馬的車轅罷了。

但后妃們出來活動，尤其是在重要的日子，比如元旦、冬至、冊封、祭奠、朝會等典禮的時候，就需要浩浩蕩蕩組成一個大隊伍了，這時候就不是單純的車輿能解決問題，需要整個霸氣的儀仗鹵簿。

關於中國歷朝歷代的儀仗鹵簿制度，《明史》這麼說：「歷代制度雖有沿革異同，總以謹出入之防，嚴尊卑之分，慎重則尊嚴，尊嚴則整肅，是故文謂之儀，武謂之衛。天子出，車駕次第，謂之鹵簿。」大概意思就是，雖然歷朝歷代的制度有些不同，但遵循的道理是一樣的，既要體現尊卑之分，又要謹慎安全。因此文的方面是體現禮儀的，武的方面是保證戍衛的，所有這些車駕和隨行人員加起來稱爲鹵簿。

爲什麼非得端著《明史》的資料來說呢？那是因爲在這件事情上，清承明制，除了坐在車上和隨行的人不同之外，其他講究的東西都是一樣的。不過和前面的朝代比起來，明清兩朝，后妃的鹵簿算是比較簡略的了。

咱們可以從《國朝宮史》中找到關於清朝皇后鹵簿的詳細記載。皇后的儀駕有：「拂塵（豬毛做的）二把，金提爐、金香合各二隻，金盥盆、金唾壺各一隻，金水瓶二隻，塗金交椅一把，塗金方几一隻。金曲柄三簷九鳳蓋一個，金節二隻，直柄三簷九鳳傘十面，直柄三簷寶相花傘、直柄三簷全紅方傘各四面。龍鳳扇、雉羽扇各八柄，金鳳旗十面。卧瓜、立瓜、吾仗各四個。」

這些麻煩東西都得找人抬著，尤其要是大熱天兒的去圓明園，一路走下來，光是空手都覺得累，何況還得周周正正地舉著那把巨大的傘！但編《明史》的人也說了，這是爲了體現皇家威儀，表明尊卑之分，搞得麻煩些也實在是有其必要的。

對比一下皇貴妃的儀駕，不得不感慨，這低一個檔次就是低一個檔次，即便位同副后，畢竟也只是個「副」的。你看，皇貴妃的金提爐、金香合只給一個，重要的是這搶眼的直柄三簷九鳳傘沒有了，直柄三簷寶相花傘倒是有六面，而四面直柄三簷全方紅傘則變成了直柄三簷瑞草花傘。團扇六柄，鳳旗六面，彩旗四面，臥瓜什麼的都比皇后的少兩個。

到了妃嬪這裡，連儀仗都改名為彩仗了，妃位姑且還有幾把直柄傘，嬪位卻只有團扇和鳳旗的編制了。

不過傘多傘少，都是需要人來抬著的，《國朝宮史》告訴我們，后妃出行，這些抬輿和儀仗隊的護衛「俱用旗尉，內廷陳設，則用內監」，一語講明用工分配。

為了說明儀仗的氣勢，還是得拿慈禧太后來說事兒，沒辦法，誰讓她老人家把整個清朝窮奢極欲做到了極致呢！

「孝欽后（也就是慈禧）乘輿出，德宗亦必隨扈，炎風烈日，迅雷甚雨，不敢乞休也。孝欽轎過宮門時，后妃以下皆跪送，轎過乃起，各上轎隨行。孝欽轎前導以兵，左右有親王四人騎馬夾護，太監四十五人騎而從於後。帝后轎與太后轎均正黃色，妃嬪轎暗黃色，餘爲紅色。」這是《清稗類鈔．宮闈類》裡面詳細記述的事情。

不過，身爲獨掌朝政四十多年的女人，氣勢盛一些也是應該的，畢竟後宮的車輿、儀仗等等，就是爲了增加國家典制威嚴的，並非單純的擺設和繁文縟節。試想，要是皇家和普通人家沒點區別，那如何進行專制統治呢？

後宮經費面面觀

在紫禁城中上班，這樣的工作不是每個人都有福氣找到的，這裡的工作有個特點，不用耗費身體的力氣，只用耗費心力，雖然精神壓力有些大，但換得的收穫卻是豐厚的，如果能掌握好方式方法，再加入一點點的投機取巧，那賺到的錢眞是夠養三代了。

不過，一旦提到收入，我們只能看到賬面上的數字，這點和現在社會無異。至於灰色收入這一塊，是沒有什麼具體的數字可以統計的，每個人心裡都揣著自己的小祕密，除了他自己，誰都不知道他到底有多少錢。我們不妨先來看看這賬面上能有多少收入吧。

在清朝，後宮所有開支有一個統一的稱呼，叫作「內廷經費」，這個內廷經費中包含了很多項目，鋪宮，年例，日用，皇太后聖壽（過生日）恭進，皇后、皇貴妃、貴妃、妃千秋（過生日）恩賜，嬪和貴人壽辰（也是過生日）的恩賜，還有后妃們生孩子的補貼和獎賞，以及宮裡面過節、請客吃飯時的支出等等，各項名目繁多。皇帝對這些支出是非常重視的，也制定了相應的制度。

大清開國之初，後宮裡面花銷的銀子主要是靠官吏進獻交納，以及皇莊的田地所徵收的糧食來提供，如果不夠花，就動用戶部存著的庫銀。康熙爺比較崇尚節儉，在很多文書中都表示過自己的心願，希望後世子孫能夠「鑒往規來，禁浮返樸」。可惜，這只是個美好的願望，康熙爺有開創太平盛世，國富民強的能力，卻無法管住人們縱享富貴安逸的心。到了康熙晚年，奢侈浮誇之風開始盛行起來，這在後宮和朝臣們身上都有體現。

對此，《國朝宮史》的「經費」一欄曾有詳細記載，咱不妨來看看，所謂皇家的奢侈究竟到了什麼級別。

比如皇太后的鋪宮，前前後後幾百件東西，一一數出來可能你都覺得睏倦了，不妨換個方式來描述。總之就是生活必需品，比如燭臺、水壺、水杯、碗、碟、盤子、筷子、勺子，還有裝茶的茶桶，包括暖手用的手爐都是黃金的，就連炕上的小方桌也用黃金來包邊，且筷子和勺子上幾乎都鑲嵌有寶石。這些東西不止一套，時不時地還得換著使用，金的使膩了，就換銀的，這回連鍋都是銀的了。此外，還有無數銅製的、錫製的以及瓷的東西，琳琅滿目那是一點不誇張。

皇太后如此，皇后的東西自然不相上下，反正皇帝讓老媽高興了，也得讓媳婦高興，婆媳之間才能和睦共處。皇后以下的皇貴妃直到答應，鋪宮的項目自然層層遞減，可無論如何也不會讓人覺得寒酸，該有的東西都有，照樣是一等一的精緻。

鋪宮的東西，說白了就是今日的「軟裝」，在房子裝修好、大件的傢俱擺設好之後，再添進屋裡的小東西，爲的是讓這個家看起來更有情調，更有生活氣息。而宮裡面鋪宮的東西，無非就是彰顯貴氣，不然，哪裡需要幾十個金碗銀碗？

這鋪宮還只是內廷經費的其中之一，接下來的年例是更大的開支。照樣先看看皇太后的年例吧。「金二十兩，銀二千兩」，爲了讓你有概念，不妨換算成現代的貨幣來看，這一兩黃金約等於十兩白銀，一兩白銀約等於台幣九百元，加起來算算，皇太后一年的工資大概一百九十八萬台幣……

別咋舌，別瞪眼，更別什麼嫉妒羨慕恨，不是每個人都有這種福氣的，所謂「什麼樣的人有什麼命」，你要是能爭氣地生個兒子，同時將其培養成才（除非你是皇后，可以自己帶孩子），再討得皇帝的歡心，等皇帝老公死後，你兒子順利繼承皇位，你也可以拿這麼高的年薪！而且，這只是發到工資卡上的錢，其餘還有很多值錢東西呢。

比如，「蟒緞（織有龍形的錦緞）兩匹、補緞兩匹、織金（花紋全部用金線織成的雲錦）兩匹、妝緞兩匹、倭緞四匹、閃緞一匹、金字緞兩匹、雲緞七匹、衣素緞四匹、藍素緞兩匹、帽緞兩匹、楊緞六匹、宮綢兩匹、潞綢四匹、紗八匹、裏紗十匹、綾十匹、紡絲十匹、杭細十匹、綿綢十匹、高麗布十匹、三線布五匹、毛青布四十匹、粗布五匹、金線二十絡、絨十斤、棉線六斤、木棉四十斤（現在的半斤等於以前的八兩）、二號銀紐二百、三號銀紐二百、二等貂皮十張、三等貂皮二十張、五等貂皮七十張、裏貂皮十二、海龍皮十二。」

這料子是上好的料子，大部分只供皇家使用，皮更是名貴的毛皮，一般人家也不捨得去買，而且這也是專門進獻到宮裡來的，其中的價值要不你先敲打著計算機尋思一會兒？

也許皇太后的年例太過奢侈了，也不是每個人都能達到的，那不如再說說位分最低的答應的年例。

「銀三十兩、雲緞一匹、衣素緞一匹、彭緞一匹、宮綢一匹、潞綢一匹、紗一匹、綾一匹、紡絲一匹、木棉三斤。」

這一對比就出來了，小小的答應在皇太后面前一比，簡直沒法活啊！怪不得後宮之中人人爭上位了，除了恩寵和權勢，還有這最實實在在的東西——錢。有錢能使鬼推磨，有錢了，做什麼不可以？即便不是自己做，總能花點錢，找能做的人吧。可要是收入緊巴巴，剛夠自己花銷，拿什麼去說服那些長期生活在這個紙醉金迷世界中的人呢？

不要覺得年例發放下來了，就像現在的工資一樣，得擔負所有開銷，吃喝拉撒睡都得自己張羅。在大清後宮可不是這樣的，白花花的銀子發給你，那是讓你留著當零花錢的，上好的緞子分給你，自然有人會按照你喜歡的樣式去裁制衣服，半點不用擔心。而每天填飽肚子的事情，那是宮裡頭的食堂要爲你們操辦的，做好了送到宮裡，你吃就行了，不需要付任何的餐費以及送餐費。再加上冬天取暖的炭，夏天消暑的冰，這些都放在「日用」這個項目中單獨開支，花不到你那點私房錢。

那這日用究竟有多少呢？因爲大部分都是吃的，就放在後面再說。現在接著說說宮裡面重要人物過生日的花銷吧。

皇太后的生日叫作「聖壽」，人家老公死了，兒子當了皇帝，她就是宮裡輩分最高的人了（當然也可能有太皇太后，或者太皇太妃的），即便有人輩分比皇太后高，地位肯定也沒有她尊貴，因此大家都得「恭進」皇太后，不但要顯示敬重，還要顯示人家無與倫比的威嚴，說白了，就是大家都得恭祝皇太后活個幾百歲的樣子。

因此，這渴望長壽的皇太后過生日可馬虎不得，宮裡那是得大放血的。首先，白銀就要準備一萬兩，也就是今天的九百萬台幣！另外，大號小珍珠、小珍珠、大號小珊瑚珠、小珊瑚珠各三百串！各種珍貴稀有質地精良的緞子布匹就不用細數了，反正成百上千匹，堆在一起都能佔用好大一塊地。

這些只是皇宮裡面的開支，以整個皇室的名義孝敬皇太后的，另外還有皇帝和各宮嬪妃，以及外臣命婦們的供品，相信誰都不敢隨便送點不值錢的東西打發皇太后，別忘了，這些禮品是得登記造冊的，誰送了什麼東西，在皇太后那裡一目了然。不是每個人都能像劉邦一樣幸運，在呂家蹭吃蹭喝還能蹭一個媳婦的，要是太摳門讓皇太后不高興了，很快就會嘗到惡果的。

你可能想說，皇太后有的是好東西，眞可謂天下第一「土豪姐」了，也不差這一兩樣吧，要是這小小的答應、常在沒什麼値錢東西可孝敬，皇太后也能理解吧？可是誰會嫌自己錢多呢？比如奢侈無比的慈禧太后，她的寶貝可謂數不勝數了吧？但人家一樣見到好東西就眼睛發亮，然後想方設法據爲己有，照樣滿世界搜羅値錢貨，把自己的一切妝點得富麗堂皇。就說她六十大壽吧，花去了清廷一千多萬兩銀子，折合台幣九十億元還要多。相信這世界百分之八十的人都沒見過這麼多錢吧。可是人家享受得很，根本不關心這筆錢是挪用了北洋水師購買軍艦的費用（間接導致中日甲午戰爭慘敗），你啥時候見人家富貴得累了，想休息休息節約一下？所以，這狼是餵不飽的。

看過皇太后過生日的奢侈，剩下的也就是小 case 了，反正地位越低，過得越簡單。但不管簡單到什麼程度，基本的花銷還是有的，依然算作內廷經費的一部分，依然是通過搜刮民脂民膏得來的。所謂「以天下恭養」，實際上就是滿天下的百姓，日出而作日入而息地努力，然後用收入的大部分來豢養這些宮廷閒人罷了，想來舒服，卻也汗顏。

第 伍 章

吃不重要，重要的是怎麼吃

歷代的宮廷飲食都集中了中國烹飪的精華，皇帝及皇室成員所享用的御膳，雖然數量上不及地方菜豐富，範圍也僅限於國都。但御膳的品質及奢華絕不是任何地方菜系可與之相提並論的。

「民以食爲天」。歷代帝王都自稱爲「天子」，但天子也是人，一樣以「食」爲天。和普通老百姓不同的是，帝王們憑藉著手中至高無上的權力，可以在全國各地搜羅奇珍異品，役使天下名廚，集聚天下美食於宮廷，其奢靡程度，令人歎爲觀止。特別是到了清朝，歷經各代御廚的精心揣摩創造，宮廷膳食達到了一個新的巔峰。

怎麼樣，是不是口水已經往下流了？不要著急，身在後宮之中，又不用上班掙錢，每天大把的時間可以來享受美食。

後宮嬪妃們都吃些什麼

入宮後的嬪妃們，做爲皇室成員，雖然不可能與皇帝享受一樣的待遇，但在「吃」這方面是絕對不能馬虎的。畢竟，做爲皇帝的家屬，不論是否得寵，只要沒被貶入冷宮，只要身分地位還在，該吃什麼就吃什麼，該怎麼吃還就得怎麼吃，不能壞了老祖宗立下的規矩。

於是乎，嬪妃們在宮裡的日子，怎麼吃，吃什麼……顯得尤爲重要。以致後宮吃喝蔚然成風，其奢靡的後宮膳食，似乎成了嬪妃們唯一能對自己好點的辦法，只要不逾越老祖宗留下來的規矩，嬪妃們對各種美食如數家珍，要不是礙著宮廷裡的規矩，嬪妃們和今天的「吃貨」沒什麼兩樣。

大清開國之初，宮廷之中實行的是「宴無定制」。所謂的「宴無定制」，通俗點的意思就是，皇帝一個人吃飯覺得沒什麼意思，覺得吃得不香，或是想和誰吃吃飯，聊聊天了，就可以「欽定」后妃、皇子、親王、郡王及文武廷臣等，總之，想在飯桌上見到什麼人，就「欽定」下去，被「欽定」的人，自然也就可以堂而皇之地與皇帝一塊兒入席吃飯，喝酒聊天了。

不過，規定是這麼規定的，和皇帝一起吃飯的感覺可不好受，那叫一個糾結。糾結什麼呢？一方面，能夠與皇帝共進晚餐，這是至高無上的榮耀，而且，這面對面的大好機會不是誰都有的，平日裡攢了些什麼肉麻話，或是想打誰的小報告，通通可以打好腹稿在此表達，要是掌握了天時地利人和的「挑撥時機」，說不定就能在一頓飯的過程中，打敗對手於無形。

另一方面，與主子吃飯，那得多麼緊張啊。主子沒動筷子，你肯定不能先動，主子喜歡吃的菜，你就算聞了那東西就過敏，還是得擺上桌來，裝作很可口的樣子吃一筷子。主子的喜怒哀樂你得觀察，哪道菜合胃口，哪道菜不招人喜歡，這些東西都得靠你去觀察得來，時刻提著小心，吃飯怎麼能吃得舒心吃得飽呢？

當然，相信沒有誰陪皇帝吃飯是圖著吃飽的，就像今天陪主管吃飯一樣，主管高興了，你的任務就算完成了，自己吃飽沒吃飽有什麼關係呢？大不了下來加餐。可不能在主管面前狼吞虎嚥光顧著吃，這樣顯得你多不懂事兒啊！

除了「欽定」入宴外，還有除夕、元旦、上元、端陽、中秋、七夕、重陽、冬至、萬壽、大婚等，在大清都是皇帝法定家宴的日子。也就是說，嬪妃們只有家宴或是被「欽定」時可以陪著皇帝吃飯，其他日子，大部分時間都得待在自己的地盤上，按宮裡的規矩用膳。那麼，後宮的嬪妃們在那些皇帝不在身邊的日子都吃些什麼呢？

後宮嬪妃們平日裡的用膳，可別以爲像下館子似的，自己想吃什麼就點什麼，宮裡早已按嬪妃等級備好了份例，每天就那些份例，不能多也不能少，能吃就吃，吃不了的可以賞賜給宮女、太監，絕對不允許糟蹋浪費美食。

各級嬪妃的份例，講究葷素搭配營養齊全，基本是這樣的——

皇貴妃：每日盤肉八斤，菜肉四斤，每月雞、鴨各十五隻；

貴妃：每位每日盤肉六斤，菜肉三斤八兩，每月雞、鴨各七隻；

妃：每位每日盤肉六斤，菜肉三斤，每月雞、鴨各五隻；

嬪：每位每日盤肉四斤八兩，菜肉二斤，每月雞、鴨各五隻；

貴人：每位每日盤肉四斤，菜肉二斤，每月雞、鴨各五隻；

常在：每位每日盤肉三斤八兩，菜肉一斤八兩，每月雞五隻；

皇貴妃以下，各內廷主位：每位每日白菜四十斤，芹菜一斤，蔥五斤，香菜四兩，水蘿蔔二十個，胡蘿蔔、苤藍各十個，冬瓜一個，醬、醋各三斤，清醬五斤。

以上各級嬪妃每日每月的份例，葷素搭配營養齊全，由膳房精心烹調後，按進膳時辰傳送給後宮各嬪妃們用膳。當然，一桌膳食好幾十種菜肴，很多菜肴不過就是擺擺樣子，嬪妃們就算不爲了節食減肥，也是不可能吃完的。吃不完的膳食，到最後就賞賜給宮女、太監。所以，在大清後宮當差的宮女、太監的飲食規格，基本上就是與嬪妃們一個檔次。不過，有福接納，無福消受，下人們的苦我們放到後面再探討。

光是這麼說說，你可能覺得不甚明朗，不如來看看咸豐十一年十月初十，皇太后早膳的菜單吧。

火鍋二品：羊肉燉豆腐、爐鴨燉白菜。

大碗菜四品：燕窩壽字白鴨絲、燕窩萬字紅白鴨子、燕窩福字鍋燒鴨子、燕窩年字什錦攢絲。

中碗菜四品：溜鮮蝦、三鮮鴿蛋、燴鴨腰、燕窩肥鴨絲。

碟菜六品：燕窩炒熏雞絲、肉片炒翅子、果子醬、碎溜雞、口蘑炒雞片、溜野鴨丸子。

片盤二品：掛爐鴨子、掛爐豬。

餑餑四品：百壽桃、壽意白糖油糕、五福捧壽桃、壽意苜蓿糕。

然後還有雞絲麵和燕窩鴨條湯。

是不是口水直流呢？這也只是皇太后日常早餐的一例，並沒有什麼特殊的，若遇上宮中慶典，那比這個更豐富。

啥？你一碗雞絲麵就飽了？是，一碗雞絲麵的確是能吃飽，但在奢靡的後宮，吃飯講究的是營養均衡葷素搭配，再加上體現皇家威儀、霸氣和有錢……吃飽，那是最後計較的事情。

何況，每日養尊處優的皇太后，走到哪裡都有人抬轎子，就連想上廁所了也有人趕緊把馬桶捧過來，吃喝拉撒都有人伺候，自己不用動什麼手。每天就這點基本沒什麼運動量的運動量，天天大魚大肉的，她又怎麼消受得起，還是那句話，多半擺擺樣子罷了！

除了葷素搭配，飯前喝湯，飯後甜點，那是宮裡的祖訓。在今天看來，如此搭配飲食也是較爲科學合理的。

後宮的甜品湯水，由茶房配置，也是按各級嬪妃備辦的：貴妃每位例用乳牛四頭，得乳八斤；妃每位例用乳牛三頭，得乳六斤；嬪每位例用乳牛二頭，得乳四斤；貴人以下沒有例用乳牛，隨本宮主位分例。

後宮嬪妃們的膳食飲品，絕不是看上去很美的樣子，大清宮廷飲食講究色、香、味、形、器五美俱備。宮廷飲食用料廣泛而珍貴，菜肴上講究造型，製作上注重規格，菜名上寓意吉祥富貴，點心須豐富多彩，器具得高貴典雅……總而言之，大清後宮，吃什麼很重要。但怎麼吃，比吃什麼更爲重要。

關於吃的規矩

雖棲上枝頭成鳳凰，整日在宮中盡享皇家美食。但宮廷膳食薈萃天下飲食之精華，從選料、用料到烹調至餐桌上，眞可謂是煞費一番苦心，假如你用膳弄得像是吃大排檔似的，三兩下吃完了事，不僅愧對了一桌的宮廷美食，更有損了皇家的尊嚴。所以，宮廷飲食一向極爲講究，特別是到了清代宮廷，在飯菜的食用上規矩更爲嚴格，用膳的禮儀體現著各個等級的區別，同樣顯示皇家宮廷不可侵犯的威嚴。

大家爲表現出極好的修養及愛好，對宮廷飲食的繁文縟禮，不得不勤學苦練。剛進宮時，嬤嬤們教授的那點禮儀，不過就是個基礎，不在實戰中演練一番，是不可能登堂入室的。

那麼，要怎樣才能將一桌子的宮廷膳食吃得高端、大氣、上檔次？怎樣才能一邊咽著口水，一邊遵規守紀地注意形象，將自己肚子塡飽呢？還是先看看宮廷飲食的祖訓吧。

「共食不飽，共飯不擇手，毋摶飯，毋放飯，毋流歌，毋吒食，毋齧骨。毋反魚肉，毋投與狗骨。毋固獲，毋揚飯，飯黍毋以箸，毋捉羹，毋刺齒。」

聽到沒，這是祖訓，就是無論何時，只要坐上飯桌就要遵守的條條框框。看著滿桌子的好菜，你必須要在心裡念叨著：「和老公一塊兒吃飯的時候，不可吃得太飽，得先洗手；不能大口吃飯；要吃的飯，不能再放回鍋裡；不能大咬大嚼的；不能咀嚼出聲音來；不能啃骨頭；夾過的魚肉，不能再放回盤子裡；不能把骨頭扔去餵狗；不能只吃一個菜；不能圖快，就用筷子把飯揚起來散熱；吃黍飯時不能用筷子；不能自己動手去調料；不能剔牙。」

如此這般的小心謹慎，你才能將一頓膳食用盡。當然，天長日久後，自然也就形成了吃相端莊，怡人大方的樣子。

這還只是吃相問題，宮裡頭的規矩大著呢，還有一些得給你細細數數。比如說這吃飯的時間。後宮是個「大公司」，貼心的老闆自然爲員工們配備好了食堂，省得員工們一日三餐不知道去哪裡解決問題。這個食堂有個專門的名字叫作「御茶膳房」，歸內務府統領。既然是大食堂了，自然有做飯和統一供應的時段，在清朝，每天供應兩頓正餐，一頓加餐。後來到晚清時，又成了供應兩頓加餐。

正餐分爲早膳和晚膳，早膳的供應時間一般在早晨六點之後，但有時候會推到上午八點之後，也就是說在早晨六點到上午九點這個時段，是供應早膳的時候，各宮嬪妃早起洗漱完畢之後，就可以坐到桌前享受這有著二十多種菜肴的早膳了。

晚膳的供應時間是在下午一點或兩點左右（因爲早上吃得早），吃過這餐之後，下午就不再供應正餐了，到了下午六點左右，會集中供應一頓「夜點心」。那要是白天餓了怎麼辦？好辦，你可以命下人去御茶膳房端些小吃過來，這樣糕那樣糕的，反正不限量供應，只是說，除了這兩段正餐時間，就不再大張旗鼓地擺一桌子菜了。

照這樣看來，其實後宮之中還是頗注重養生之道的，早膳要吃得好，晚膳（實際就是中午飯時間）要吃得飽，到了夜點心的時候，隨便吃一點，所謂「吃得少」，省得晚上睡覺時腸胃還要忙著消化，不舒服。

你也許又有疑慮了，這才下午六點，怎麼就叫「夜點心」了呢？離睡覺還有N個小時嘛。請注意，不要用夜貓子的習性來衡量後宮中的生活方式，古人講究跟著太陽的規律生活，所謂「日出而作，日落而息」，雖然日出起床也不用勞作，但規律還是得遵守。再說了，那時候又沒有什麼電視、網路的，宮裡又規定太陽落山之後不准演戲唱歌，實在也沒什麼夜生活，除了睡覺還能幹嘛？頂多在屋裡縮著看看書，繡繡花，可是蠟燭那點微光實在傷眼睛，熬紅了雙眼，影響美觀不是？所以你差不多就洗洗睡吧。

這吃飯的時間點是定下來了，再回頭說說飯桌上的事情。那七葷八素幾十道菜已經介紹過了，而且主子們用過一頓膳之後，可能很多菜都沒有動過，大部分的可能性是吃不了，當然也有不愛吃的。所謂「蘿蔔青菜，各有所愛」，既然有不合口味的，自然也有喜歡吃的，好吃就多吃點？那你就大錯特錯了。宮裡頭吃飯，有一個頭等的規矩，叫作「食不過三」。什麼意思呢？就是再好吃的那道菜，也不能去夾第三筷子，要是吃了第三口，那不好意思，這道菜十天半個月都不會再出現了。因爲你忠誠的奴婢們已經悄悄把這事情記下了。

「我是主子，還不能多吃點我喜歡的東西？這些做奴才的就這麼大膽，敢阻攔我做爲吃貨的喜好？」實際上還眞不是那麼回事，奴才們也是爲了你好。爲什麼呢？

因爲在後宮中可謂危機四伏，你很可能隨時被人謀害。雖然大部分人可能會透過收買太醫在你的藥裡面下藥，可也說不定會從食物上做手腳。藥不可能天天吃，但飯總得天天吃吧？要是別有用心的人看準了你喜歡吃什麼菜，專門在菜裡下藥，你這個吃貨能防得了？

也許你會覺得，在菜裡面下藥這招太直接了，要是眞的把你給害了，把菜端去一驗就知道，兇手跑不了！可是，如果眞有人存心要害你，而且不想做得那麼直接，眞凶是很難查到的，總會有那麼一些頂罪的小嘍囉站出來，供認是自己做的，而且還要說出那是因爲你某天懲罰了人家，人家懷恨在心才想害你。爲什麼人家寧願死也不說眞話呢？那肯定是幕後眞凶行高價再加恐嚇，答應照顧這位「替罪羊」的家人唄。

不過，也不要覺得你的命就那麼金貴。實際上，所謂「食不過三」，最初是皇帝自己立下的規矩。不要忘了明朝的教訓，不是有宮女在侍寢時企圖謀殺皇帝嗎？自此，皇帝們自然想出無數自我保護的招數，在吃上面就更是小心了，御茶膳房的人做飯，從來不能有人單獨待在廚房裡，必須有兩個及其以上的人共同完成皇帝的早晚膳，而且，還要安排太監試吃每一道菜，看看是否安全。饒是如此，皇帝們還是不放心，於是整出了這個「食不過三」的規矩。

除了一道菜不能夾第三筷子之外，吃的時候臉上還不能有表情，不能因爲這道菜吃進嘴裡很合胃口就眉開眼笑，更不能因此讚不絕口。不然，豈不是暴露了自己的喜好？

因爲皇帝如此，後宮嬪妃們自然養成了這個規矩，總不能和皇帝老公一起吃飯，他每道菜隨便嘗一口，而你端著個燕窩鴨絲吃起來沒完吧！

第 陸 章

人際關係要摸清楚

當我們讀歐洲歷史的時候，常常會被他們混亂的親眷關係弄得頭昏眼花，比如一個人的母親同時可能是他的姊姊，或者叔叔同時又是舅舅，這個國家的王后同時又是那個國家的公主之類的，最後總結下來，發現整個歐洲王室，其實都有些沾親帶故。這就帶來了一個問題——人際關係相對混亂，比如面對著這個既是叔叔又是舅舅的人，到底該稱呼他什麼呢？

你也許會感慨，生在歐洲王室也不容易，眞想打個電話問問那位與母親通姦而出名的暴君尼祿，早晨睜開眼睛，看到身邊躺著的美女，不知道應該開口叫「媽」呢，還是「愛妻」呢？

這個問題要是困擾到了你，不妨調轉目光回到中國。其實，從三皇五帝伊始，這近親婚配保持血統純正是讓人爲之驕傲的事情。於是，親戚的親戚也成了親戚，最終親戚擴散得越來越廣。隨之帶來的除了生物學上不科學的惡果之外，還有一個禮儀學上的問題，那就是稱謂。

到了大清，滿人執掌天下，最講究禮儀的民族在稱謂上更是容不得半點馬虎，尤其在後宮，複雜的稱謂攪和上複雜的人際關係，眞的是讓人頭大，一不小心，那可就是禍從口出了！這在大清，專業名詞稱爲「失儀」。

稱呼最重要

在後宮這個大家庭中，所有人都沾親帶故，論血緣，論輩分，不管論什麼東西，每個人都必須有一個恰當的稱呼，更何況是處在最講究尊卑禮儀的清朝後宮。由於滿族是少數民族，很多稱呼與漢人的都不同，實際上也是沿用了滿語。這本來不是什麼奇怪的事情，就像你是東北人，就說東北話；你是四川人，就說四川話一樣。但如果你是一個生在東北的四川人，就不一樣了，如果沒有人專門在你身邊創造四川話的語言環境，相信自小在東北長大的人，還是說得一口東北話。

做爲秀女光榮入選，戶口本上民族一欄自然寫的是滿族或者蒙古族，可是大清入關這麼多年，在中原的環境中長大，身爲滿族人不會寫滿語是很正常的事情，也許連話都說得不是很清楚，雖然皇帝們都叫囂著「滿漢一家親」，可是滿族人和漢族人還是區別很大。

不會說不要緊，但要勤於學習，別的不說，稱呼首先要學會，不然可不只是出洋相那麼簡單了。

先說說一國之君的皇帝吧。雖然貴爲天子，但他也是人，是人的兒子，是人的丈夫，是人的父親。那這周圍的人都怎麼稱呼他呢？其實前面已經介紹過了，皇太后稱自己的兒子爲「皇帝」，那些皇太妃們也一樣。同輩人，不管是皇后還是妃嬪或者宮女，統統稱呼其爲「皇上」，高高在上嘛。而兒子女兒們，就稱其爲「皇阿瑪」，這個阿瑪也就是滿語中父親的意思。

那麼皇后呢？不管婆婆還是丈夫還是姊妹，統統稱其爲皇后。如果和皇帝感情不錯，在私底下，皇帝也許會稱呼其名字。不過，閨房中的事情無定制，誰也不好說，如果是你，能讓皇帝老公在房裡稱呼你的乳名，就證明你的確能得老公寵愛啊。

那孩子呢？你要是皇后，便宜就占大了，皇帝的所有孩子，不管是不是你生的，都得稱呼你一聲「皇額娘」，畢竟你是國母嘛。當然，有這麼多孩子未必是好事，尤其如果當中沒有一個是你親生的，那你這個媽就要拿出點高瞻遠矚的智慧來了。

那你和其他姊妹們該怎麼相互稱呼呢？關係好一點的，平時多走動的，在私底下確實可以姊姊妹妹相稱。如果你的「閨蜜」同時在場，那就在前面加上一個字，比如人家是容妃，就叫「容姊姊」。當然，這只是非正式的場合，如果當著很多人的面，或者請安問候的時候，就不能姊妹相稱了，得規規矩矩地叫人家的封號和位分，比如「熹貴妃」什麼的。

到了下一代，康熙朝有明確規定，皇子們在賜名後按照排序稱爲「皇×子」，當然，這是在正式的文書上出現的，或者在和朝臣們討論某位皇子時的稱呼。如果是當面遇見了，那就稱對方爲「阿哥」，當然在前面還是要加一個排序，「三阿哥」、「五阿哥」什麼的，注意這「阿」字發第四聲，「哥」字則發輕聲。

阿哥在未封爵之前，稱呼非常單一。反正你也沒有多少機會見到人家，見到了，按理也是人家得先給你行禮（如果你位分夠高），你只要頷首回應就行了，要是有心呢，關心一下人家的學業，也能爲你博個賢良的名聲。

那皇帝的女兒們呢？在很多關於清朝的影視作品中，經常會聽到「格格」這個稱呼，尤其是這一部《還珠格格》，簡直伴隨了八〇後這一代人的成長了。可是「格格」這個稱呼卻是非常値得商榷的。

「格格」其實是滿語的譯音，翻譯過來的意思就是小姐、姊姊的意思。在清軍未入關之前，格格這個稱呼是很常見的，但也只限於貴冑之家的女兒，平民百姓是不能用的。皇太極入主中原之後，逐漸開始統一後宮中的稱謂，因爲歷代稱皇帝的女兒都叫公主，於是清朝也沿用起了公主的稱呼。

《清史稿》中有著：「公主之等二：曰固倫公主、曰和碩公主。」在滿語中，

「固倫」是天下的意思，唯有皇后與皇帝生的女兒，才配得上這「固倫」二字。其餘嬪妃們所生的女兒，則爲「和碩公主」。但這所謂的固倫公主與和碩公主並不是生下來就能尊享的，必須得等皇帝爸爸封，在未受封之前，公主們也不過是統稱小公主。

好了，主要的人物關係都理清了，只要照著喊就行了，基本上不會出什麼問題。還有一些人，他們不會經常出現在後宮中，但瞭解一下誰是誰，誰跟誰是什麼關係，也是非常必要的。

比如，和皇帝有著千絲萬縷關係的各位叔伯兄弟，他們到底被分爲幾等，見了面又該怎麼個稱呼法呢？

在努爾哈赤確立了八旗制度之後，封了那些子侄爲八旗的旗主，統稱爲八和碩貝勒。皇太極繼位後，建立了貴族封爵制度，把爵位分成了五等。到了順治朝，正式將爵位確立爲十二等，分別是親王、郡王、貝勒、貝子、鎮國公、輔國公、不入八分鎮國公、不入八分輔國公、鎮國將軍、輔國將軍、奉國將軍、奉恩將軍。

這一等一的親王，一般人是不用去豔羨的，通常情況下，這個位置只留給皇室宗親們，且是皇族的嫡親，比如皇帝的哥哥弟弟可以封爲親王，還有皇帝的兒子也可以直接封爲親王。

親王的兒子，一般就封爲郡王，這是「世降一級」的老規矩，一來能防止這些王漸漸坐大，起謀逆之心，二來也要設立點獎勵機制，好讓大家爲國效力呀。當然，也有那種老爸立了不世之功，皇帝特許爵位世襲罔替的，這種俗稱「鐵帽子王」，如不犯大錯，永不降級。

到了貝勒這個級別，除了皇帝的兒子可以封之外，皇族其他人的兒子也可以封爲貝勒。貝勒的兒子封爲貝子。剩下的，在皇族中就不常見了，而你在後宮之中更是少見，因此，只要記住那些個近親就行。

其實順治爺在制定爵位等級的時候，也把「格格」的等級確立了一下。這裡的格格就不是指公主了，而是指皇帝之外的皇親所生的女兒。

格格被劃分爲五等，即郡主、縣主、郡君、縣君、鄉君。

郡主又稱和碩格格，爲親王所生的女兒。而郡王所生的女兒稱爲多羅格格，即縣主。貝勒的女兒是郡君，稱呼也是多羅格格。貝子的女兒爲縣君，稱爲固山格格。地位最低的鄉君一般是鎮國公、輔國公的女兒，她們則直接稱呼爲格格。

所以說，《還珠格格》中，不管是紫薇還是小燕子，都不可能被封作什麼「格格」的，從紫薇的角度上來說，雖然她的母親只是一介平民，可畢竟她是龍種，好歹也是個公主，皇帝要封，也得封爲和碩公主，這才對得上品級。

公主要怎麼混

縱觀中國歷史，賢能君王不計其數，昏庸之主也不在少數；賢良淑德的后妃比比皆是，但心狠手辣的女人更是不勝枚舉。然而在這後宮之中，還有一類女子佔據著重要的地位，她們既無須去和各路妃嬪鬥智鬥勇，當然也不可能成為「海內小君」干涉天下，完全屬於「不作死就不會死」的類型，這一撥鮮花就是我們的公主了。

不過並不是每個公主都能認了自己女兒身的命，不怒不爭，開心活到老的。且看漢朝時候的館陶公主，這位典型被母親寵壞了的橫蠻女子，真是到老了都不知道收斂，霸氣外露不說，還有點神經大條。不過她此生做得最成功的一件事情，就是把自己的女兒阿嬌硬生生地塞給自己的弟媳婦王美人做兒媳，然後陰差陽錯地成了皇帝的丈母娘，享受了無數特權，汪洋恣肆地躺在各路男寵的懷中不知所以。這也算是命好的人了。

再有武則天的女兒太平公主，這位是武則天和唐高宗李治的小女兒，頗得父親寵愛，原本只須安安分分等著長大，嫁給一位如意郎君，永享清福就行了。可是她偏不，這大概也是因為她有一位野心勃勃且頗具政治才能的母親的關係。太平公主處處效仿自己的母親，發誓要做第二個女皇帝，且心心念念，吃不香睡不著地等著母親把皇位傳給她。結果呢，活生生印證了「不作死就不會死」的箴言，可能太平公主最後都想不通這個道理，即便你再有一個當了女皇帝的媽，你也不是女皇帝！

到了大清，公主差點就不叫公主了，關於公主的管理制度較前朝也有所改變。但這些制度孕育出來的，卻是一段段悲慘的人生。

照理說，公主們在宮中的地位可謂不高不低，因爲她們並不是皇家的主要「勞動力」，既不能代替嬪妃們爲皇帝生兒育女，又不能代替皇帝治理朝政，說到底，從她們呱呱墜地那天開始，就注定是留著賞人，給皇帝撐面子的。要嘛以和親的方式賞到異域，要嘛就以籠絡人心的方式賞給某位重臣。

清朝從建立之初到劃上句號，后妃們共給各位皇帝誕育了一百多位公主，這其中未嫁出去的有三十七位，她們多半身體不好，沒活到成年嫁人那天就死了，當然也有幾個屬於不知道爲什麼沒嫁出去的，只能留守宮中終老。

嫁出去的，未必能獲得幸福的生活；沒嫁出去的，也不見得就多麼淒慘。這就是皇家女子的命。

不信你看看努爾哈赤的第四個女兒穆庫什，她可謂清朝歷史上公主悲慘命運的代言人。十四歲時，她被父親指給了布占泰，可是沒多久，這齣聯姻的戲就演不下去了，努爾哈赤與布占泰反目成仇，她就被接回家，這時候，她已經懷著布占泰的骨肉了。

十八歲那年，她又嫁給了比她大三十三歲的額亦都，人家並未嫌棄她曾經嫁人生子，老夫少妻的日子也還算是和睦，可惜，沒享受幾年平靜時光，老公就撒手人寰棄她而去。這場婚姻給她帶來的唯一好處，是生了個名叫遏必隆的兒子，也就是康熙朝著名的輔政大臣之一，不過待到遏必隆風光的時候，母親早就入土很多年了，兒子的福是一天都沒享受到。

調整心情，休養生息，她還年輕，必須再「戰」。於是二十七歲時，穆庫什又嫁給了繼子，也就是前任老公額亦都的第八子圖爾格（這不是亂倫嘛）。雖然她日夜禱告神明祈求幸福終老，可顯然神明不願搭理她，連她自己也不敢想，她的幸福會毀在自己含辛茹苦撫養長大的女兒身上。

這件事情說起來就比較奇葩了，穆庫什的這個女兒，是她與第一任丈夫布占泰所生，還懷在腹中便注定要在努爾哈赤的部落中長大。雖然地位不高，但努爾哈赤還是很疼愛這個外孫女的，待其成年之後，便把她嫁給了自己的孫子尼堪。小夫妻倆自幼青梅竹馬，是眞正的從愛情走向婚姻。可結婚十多年，一直沒有孩子。爲了延續香火，尼堪動了再娶一個側福晉生子的念頭。好巧不巧，這時候，穆庫什的女兒卻宣佈自己懷孕了，並在九個多月後順利誕下一名女嬰。

本來是皆大歡喜的事情，但不久之後，尼堪的母親就發現，這名女嬰根本不是兒媳婦所生，而是從外面悄悄抱養來的，妄圖冒充愛新覺羅的血脈！這下可是晴天霹靂啊，皇太極萬般震怒，立刻判決了當事人，連相關人員都沒能倖免。

於是，穆庫什的老公圖爾格被革去了子爵爵位，免去固山額眞的職務，遏必隆也被革爵。最慘的還要數當媽的穆庫什了，自己的女兒闖下的禍，自己來收拾爛攤子。她也被革去了和碩公主的名號，被逼與圖爾格離婚。這個時候的穆庫什已經四十三歲了，慘兮兮地回到自己的部族，和自己同母兄弟一起生活。

她究竟活到多少歲，史料上沒有記載，可能到了她的晚年，正逢世界動盪王朝更替，誰也沒工夫關注這麼一個嫁了三個男人的普通公主吧。不過從穆庫什的經歷可以看出幾點問題。在努爾哈赤及其以前的時代，「父妻子婚」是滿族社會普遍存在的一種原始的族外婚形式，「嫁娶不擇族類，父死子妻其母」的現象時常發生。這在我們今天看來是非常不可理喻的。但在當時，原始部族爲了發展壯大人口，便也顧不得許多了。因此穆庫什才會嫁了老子又嫁兒子，搞得都不知道該如何稱呼了。

後金進入遼沈地區之後，慢慢接受了漢文化的薰陶，尤其到了皇太極時代，這位君主是十分痛恨父妻子婚這一陋習的，早在天聰五年（一六三一年），他就頒佈了「禁止婚娶繼母、伯母」的政令。因此，對於穆庫什的懲罰，不得不說皇太極的別有用心，他這招殺雞儆猴的策略，自此絕了滿族遺留下來的亂倫陋習。

不用嫁了老公嫁兒子，多次易主，這公主是不是就迎來幸福美滿的春天了？嗯，看上去還滿像那麼一回事兒。但個中心酸，眞不是幾句話能說清楚的。

大清的公主，那可謂金枝玉葉，無論生母地位高低，至少她們都有個牛逼的老爸，當然，這老爸可能是皇帝，也可能是皇帝的叔伯兄弟，反正都是皇親國戚。因此，公主即便是許配給別人了，也是稱為「出降」、「下嫁」或是「釐降」，而公主的老公則稱為「額駙」，屬於一個地位高的人嫁給一個地位低的人。

公主被指婚之後，宗人府管事的大臣就會把額駙帶到乾清門下，跪著接旨，然後按照選定的黃道吉日，進行一系列屬於公主婚禮的儀式。最重要的是，皇帝還會親自送給公主一份嫁妝——一座宅院，讓公主出宮居住。

怎麼樣，這「國二代」、「官二代」的婚姻看起來是不是相當不錯呢？長輩們爲其鋪好了路，大宅子住著，那得少奮鬥幾十年！你要是豔羨得緊，勸你趕緊收起那饞兮兮的樣子，因爲很快你就笑不出來了。

按清律，公主是君，額駙是臣，君臣是不能同屋而住的，也就是說除非公主宣召，否則額駙不能擅自出入公主寢室。你可能要說了：「這有什麼難，外面講究點君臣之禮，關起門來過日子誰知道誰啊，即便眞的不能同院同房而住，公主自己招呼一聲不就行了嗎？」眞要這麼簡單，清朝公主幾乎沒有生養後代的事情是怎麼發生的呢？總不能說她們都遺傳了「不孕不育」吧。

實際上，公主出嫁，移宮別住，宮裡要專門安排一位嬤嬤隨侍，這位嬤嬤的身分比較特殊，一來是照顧公主，二來是提點公主，也就是監督。爲什麼要行使這麼一個監督事宜呢？因爲公主是代表皇家出嫁的，與平民百姓結婚不同，人家講究「嫁雞隨雞，嫁狗隨狗」，可到了公主這裡，即便是嫁給他人了，還是要保持皇家威儀，一言一行都不能壞了規矩，更不可厚顏無恥地貪戀男女之事。

嬤嬤跟著公主出了宮，住進了大宅子中，額駙這邊不可能不分配些奴才來伺候吧。何況嬤嬤身分特殊，實際上，公主身邊的嬤嬤基本就不伺候公主了，而是專門執行管理。這管理的事情，就是公主與額駙同房的事情。

再看看這些嬤嬤，她們基本都是一些「老處女」，一輩子沒有結婚生子，卻在那風雲變幻的後宮之中生活了幾十年，或者說「憋了」幾十年，心理方面多多少少有些變態，最見不得的恐怕就是男歡女愛的事情了，倘若公主和額駙是郎情妾意，你儂我儂，嬤嬤便會覺得違拗了祖宗對女子的要求，一個正統的高高在上的公主，怎麼能夠風情地去勾引男人呢？於是，嬤嬤們往往搬出宮規典制，強行阻止公主與額駙見面。

但公主也是正常人啊，既然已經嫁作人婦了，就算不求舉案齊眉，相敬如賓，但至少要有個孩子，當作心靈的寄託呀。可孩子不會憑空就來，還是得找額駙同房。

深宮中長大的公主多半受到的都是含蓄內斂的教育，如果嬤嬤再兇殘一點，她們更是怯怯地不知道怎麼開這個口了。只好搜羅帶出來的嫁妝，把這珠寶玉翠、綾羅綢緞的統統翻出來「孝敬」給嬤嬤，然後紅著臉不吱聲。

拿了公主好處的嬤嬤也會替公主傳個話兒，但這拿一次好處，也就辦一次事情，往後還想要見額駙，就得多拿出些好東西來。嬤嬤的嘴餵刁了，公主們卻被榨得一乾二淨，給不出值錢的東西，嬤嬤連搭理都不帶搭理人的，有的甚至還會虐待公主，每每伺候穿衣梳洗，掐幾把洩私憤的不在少數。

你可能會說，既然憋屈至此，想辦法收拾這些兇惡的嬤嬤呀。公主不是有進宮見娘家人的機會嗎？告狀去呀。

可是你要知道，能開得了口告狀、脾氣大的人，自然就不會被老嬤嬤欺壓了。反過來，但凡被欺壓慣了的，又有哪個不是柔弱怯懦的，即便見了親娘也開不了口啊。而且這裡還有規矩拘著，嫁出去的公主入宮，多半也是和嬪妃命婦們在一起，沒有機會面見皇帝。有的話，跟母親說，那說了也是白說，母親自己姑且自顧不暇，哪裡管得了你閨房中的事情？就算能見到皇帝父親或者皇帝哥哥，想跟男人同房這種事情，怎麼開得了口！

因此，清朝大部分公主都短命，爲什麼呀？明明嫁人了，卻如同守活寡，還要每日每夜被個變態的老太婆各種欺辱，虐心而死也不奇怪！

不過，在清朝歷史上，也有這麼一位潑辣公主，勇於爭取自己的權益，她就是咸豐帝的大公主。

大公主被指婚給符珍之後，每每宣召都被嬷嬷刻意阻攔，一來二去，竟是三個月都沒見到丈夫的面。恰好宮中搞盛大慶典，大公主借此進宮來到慈安太后面前，問道：「說起來，您這是把女兒嫁給了誰？」

慈安太后想了半天答道：「你的額駙不是符珍嗎？」

大公主答道：「我也以爲是啊，但女兒嫁過去三個月了，還是不知道符珍長什麼樣子。」

慈安太后奇怪地問：「爲什麼呢？」

「因爲保姆不讓見！」大公主生氣地回答道。

「你們夫妻的事情，關保姆什麼事？你自己做主就行！」

大公主等的就是這句話，回到府上，把嬤嬤狠狠斥責了一通，然後召見了自己的老公符珍。自此，二人再沒有嬤嬤的干涉了。

現在你知道了吧，公主這種名聲在外，看似風光的職業還是不要輕易去幹，很短命的。相較起來，爲了和親而嫁到外邦的公主似乎還能幸運一點，至少她們可以見到丈夫的面，也能時不時爭取個同房的機會。但嫁到外邦，也意味著要繼續忍受父妻子婚的不公待遇，而且可能語言不通，習慣不一樣，被歧視，被排擠……總之，苦水一大堆。

還羨慕公主的大宅子嗎？還羨慕公主的各類奢華服裝鋪張飲食嗎？事實證明，只有內心愉悅才是好好活下去的不二法寶。

皇后和皇太后的責權

清太祖努爾哈赤一輩子因爲政治原因娶了很多女人，這些女人大部分也未必能夠如他的心意，雖然在晚年的時候非常寵愛大妃阿巴亥，以至於留下遺命，將汗位傳給他與阿巴亥所生之子多爾袞，還爲此差點導致了一場兵諫，最後以傷害最小的宮廷政變收尾。但總的說起來，努爾哈赤還是一個明事理的人，尤其在女人這件事情上，他早就勸誡子孫們：「不要太過迷戀女人而荒廢了政務，畢竟男人是應該以事業爲重的。」

他很清楚在自己的一生中陪伴在側的這些女人，每一個曾經扮演過什麼角色，而今又該扮演什麼角色，她們有什麼背景，與自己結合又能爲自己帶來什麼好處。說白了，在他所生活的那個波譎雲詭的年代，對於他這樣一個野心家來說，合理利用女人能帶來的關係和好處是必須修煉的技藝。而他也修煉得非常不錯。

努爾哈赤的這些優點，很大一部分遺傳給了兒子皇太極。實際上，在努爾哈赤披荊斬棘，開拓疆域的時候，就已經透露出運籌帷幄，管理後宮的能力和意思了。他希望能夠訂立一些制度，嚴格地約束這些女人，使她們各得其所，對自己盡忠的同時還爲自己生兒育女。於是，后妃制度初見雛形。

做爲一個規則的制定者，努爾哈赤同時明白，爲君者要操持天下，不可能天天擠在一堆女人中間搬弄是非，女人的事情還是應該女人來處理，於是中宮之主——皇后，就被賦予了極大的權力。她可以管理後宮所有人，在一定程度上也可以管理皇帝。這樣，皇后就不光是皇帝的附屬品那麼簡單了，她雖然依附皇帝，卻能打著母儀天下的旗號約束皇帝。正所謂「治天下者，正家爲先，正家之道，始於謹夫婦」。

無怪乎每個人都想榮登后位，因爲「說得算」的感覺實在是太美好了，這比每天接受大家跪拜，口中說著言不由衷的祝福語要來得實際得多。慈禧太后就曾經頒佈過一道懿旨：「皇后有統率六宮之責，內宮妃嬪等如有不遵家法，在皇帝面前干預國政，顛倒是非，著皇后嚴加訪查，據實陳奏，從重懲辦，絕不寬貸。」這道懿旨主要說明了兩件事情：其一，明確指出後宮女子不得干政（可是她自己倒是幹得不亦樂乎）；其二，皇后具有統率六宮，號令妃嬪的權力。

至於統率六宮具體是做些什麼呢？其實瑣事多了去，比如執行宮中法紀，維護宮內的等級秩序，再比如懲戒宮人等，最重要的當然還是勸諫君主了。

說白了，就是皇后可以阻止皇帝任意出入女人們的寢宮。前面說過，清朝和其他朝代不一樣，皇帝過夜生活不是去妃嬪們的宮殿中過，而是有專人將妃嬪們送到皇帝的寢殿中（當然，這一點皇后除外，國母的特權就是不用被扒光了直接送到床上）。不過這也不是死規定，有的皇帝住膩了自己的寢宮，樂意到女人們住的地方去睡覺這也是有的。但想要這樣做，就必須經過皇后的同意，見到皇后的金印了，皇帝才能朝某個妃嬪的寢殿挪腳。要是皇后不高興、不樂意，偏就不發那個「同意書」，皇帝即便是到了人家妃嬪的門口也是不能進去。

當然，這只是書面上的規定。相信沒有幾個皇帝會如此尊重皇后的責權，真的說不去就不去；如此傻傻地、明目張膽地干涉皇帝的皇后也不多。不過，未經許可去妃嬪寢殿過夜也好，或者過度沉迷於女色，專寵於某人也好，這些都是有違祖訓的，從皇后的責任上來說，你是有必要提醒你的皇帝老公的。

《清稗類鈔》中就有一個故事講的是皇后勸誡的事情。說是咸豐皇帝有一天晚上擅自宿在了某個嬪妃的寢殿裡。伺候的內監不敢大意，趕緊輾轉把這件事情奏報給了孝貞顯皇后。皇后生氣了，杖責了跟著皇帝的太監，然後知會內務府的工作人員。幾分鐘後，就有人來到皇帝留宿的寢殿外大聲朗誦祖訓。因爲是祖訓，連皇帝也不能違背的，只好穿著衣服出來，跪在地上聽訓，這一念就念到了快上早朝的時辰才停止。

這簡直是一個清代版的「御夫記」啊。這位皇后多麼有心機，也不直接出面，但讓人端著祖訓就講道理去了。祖宗大於天，哪個皇帝敢明著違拗？這下好了，不慍不火地把時間消磨過去了，皇帝本想摟著心愛的女子睡個好覺，而今卻只能跪在廊下受凍挨餓，滿肚子憋屈！可他還不能發作，人家皇后是按照規矩來辦事的，且興師動衆地搞得整個後宮都快知道了，就算自己想抱怨兩句，或者冷淡皇后，也不能做得太明顯，否則一來顯得小氣，二來肯定得驚動皇太后來訓斥了。

看來皇后的「軟制裁」還是有一定效果的。不但能夠用最光明正大的方法把老公從「賤人」身邊搶走，而且還能搬出一大堆理由來懲戒這些「賤人」。比如慈禧太后在爲嬪爲妃的時候，就遭過這種「待遇」。

彼時的咸豐帝還是很寵愛孝欽的（也就是日後的慈禧太后），儘管當時她還只是懿嬪，但仍然把皇帝老公吸引得五迷三道，竟然待在她的寢殿中纏綿，數日不上早朝。這下，孝貞顯皇后慈安著急了，親自捧著祖訓來到了懿嬪的寢殿外，跪下，把祖訓舉到頭頂，讓人去請皇上出門聽訓。

咸豐皇帝不知所措，怯怯地走出去告訴皇后：「我現在忙著去早朝呢，你不要在這裡多言了。」然後匆匆忙忙地走了。

待到下朝，皇帝打聽皇后在哪裡，追到了坤寧宮，發現皇后端坐在寶座上，懿嬪則俯首跪於殿中，皇后嘰嘰歪歪歷數罪狀，最後還給了懿嬪杖刑。

皇后根據祖宗家法懲罰了「勾引皇帝」的懿嬪，於情於理都是能夠搬到檯面上來說的正常事件。誰想這就在懿嬪那小小的心中埋下了仇恨的種子。多少年後，慈安太后是怎麼死的就不在這裡多說了。

當然，身爲皇后，端的是母儀天下的譜，掌的是統領六宮的權，自然不能完全把眼光放在皇帝和哪個女人過夜，皇帝又寵愛哪個女人這種爭風吃醋的事情上去。在這方面，你更需要操心的是皇家開枝散葉的事情。由此看來，做皇后其實也不容易，雖然地位高，獨享殊榮，但是要和這麼多女子分享自己的老公，而且還得顯出大度的樣子，操心著老公今天該去跟誰過夜，誰受孕率高一些，還有哪些年輕適合生育的女子未得到老公的寵幸，哪些姊妹久未見老公，該適當聯絡一下感情……

把自己的男人往別的女人懷裡推，這樣的涵養和心態不是每個女人都能練就的。事實證明，皇后難當。

除了操刀主持生育主委的工作之外，皇后還得負責保安系統的工作。小到哪位嬪妃宮裡丟了點值錢寶貝，大到哪個宮裡死了個人，這些事情皇后都得親自過問，畢竟發生在後宮——你的地盤上，你不管，誰管？

皇后也得當仁不讓地挑起紀律委員會這個大旗，要是哪個嬪妃做錯了事，皇后就得把她叫到面前來訓斥一番。要是大家都在做錯事，本著「法不責眾」的原則，皇后就得換個策略，在清晨請安之後，留眾姊妹坐坐，語重心長並且含沙射影一語雙關地講一些道理，最終要說明的問題就是，「你們哪，別搞怪，最好都規規矩矩的，那樣姊姊我還能容你們群芳鬥豔。要是鬧過界了，就不要怪我容不下你們了。」

說了大半天的皇后，似乎沒有皇太后什麼事情。難道老太太就舒舒服服地在慈寧宮頤養天年了？

太平年間，這樣也是應該的。反正宮裡面的事情都有兒媳婦在操心，皇太后把這在位的皇帝拉拔大了，於大清朝已經是頭功一件，就不用再去擔心那麼多瑣事了。而朝政上的事情，原本後宮就不得干政，過問那些幹嘛？

當然，不管，不代表沒權力管。皇太后可以頒佈懿旨，按排名，這就是權威性僅次於聖旨的旨意了，如果皇太后眞心想要決定什麼事情，白紙黑字寫下來宣讀，那也是沒有人敢不從的。你看那《後宮甄嬛傳》中，皇太后臨死前留下密旨，「葉赫那拉氏永不廢后」，這皇帝也是不得不聽，再恨得牙癢癢，也廢不了那個皇后。雖然這情節出自虛構，但其中的禮法卻是有據可循的。

要是換在特殊時期，皇太后與皇后通常就要一起上了，她們可以干涉甚至主持朝政。比如皇帝要是突然駕崩了，生前又沒有留下什麼關於皇位的遺言，皇太后就有權力代表兒子選定一個皇位繼承人，執掌廢立之權。不過越大的權力意味著越大的危險，在男權社會，一個女人畢竟是無法總攬大局的，即便有這個權力，也可能只是鏡中花水中月。

不信看看努爾哈赤的大妃阿巴亥。照理說，努爾哈赤死了，而且留下傳位給多爾衮的遺言，阿巴亥只要把大家召集起來，宣佈大汗遺言就行，這比自己選定一個人來繼承汗位還更簡單。結果怎麼樣呢？阿巴亥非但沒能讓自己的兒子光明正大繼承汗位，還生生被逼殉葬，連句話都沒跟親生兒子們交代就撒手人寰了，可謂大清開國以來的第一樁慘烈的宮鬥事件。

要說這阿巴亥也眞是淒慘，侍奉努爾哈赤幾十年，還爲其生了三個兒子，臨了馬上可以享受皇太后的待遇了，卻鬥不過那些野心勃勃的繼子，成爲政治的犧牲品，眞讓人感慨萬千。

不過有失敗的事例，自然也會有成功的事例。皇太極繼承汗位後，娶了個女子叫博爾濟吉特．布木布泰，後封爲莊妃，也就是歷史上著名的孝莊太后。這位老太太能耐就大了。

雖然孝莊沒有做過皇太極的皇后，不過隨著她的兒子福臨繼承王位，她也就母憑子貴地躍居太后之尊了。可是福臨當皇帝的時候才六歲，孤兒寡母，手中無權無勢，孝莊只能屈辱地追隨著多爾袞，爲的就是保住兒子的安全。

不過正是在這種委曲求全的日子中，孝莊把自己磨練成了一個政治女強人，智慧過人，手眼通天，任多麼老奸巨猾的大臣都得給她三分薄面。這不，順治皇帝一死，她所能行使的權力就完全體現出來了。升級爲太皇太后的她照顧著年僅八歲的康熙皇帝，和顧命大臣們多方斡旋，雖從不在朝堂上露面，但外面發生的事情沒有一樣能逃過她的眼睛，雖然上了點年紀，但眼明心亮，最終輔佐出了一代明君。

很顯然，孝莊既有說了算的權力，也有掌控這一權力的能耐，在紫禁城中生活了幾十年，她大概是最不無聊的女人了，因爲她的內心情感早已超越了男歡女愛，上升到國家的高度了。

和孝莊太后一樣成功，行使皇太后至高無上權力的還有慈禧太后，這位老太太更甚，兒子不中用了，直接把侄兒子抓過來當皇帝，反正我不管坐在那個龍椅上的是誰，這個天下終歸得是我說了算。正所謂「順我者昌，逆我者亡」，不容商量！

第 柒 章

宮鬥是個力氣活

魯迅在《狂人日記》有云：「我翻開歷史一查，這歷史沒有年代……滿本都寫著兩個字是『吃人』。」這句話用來形容宮鬥尤其合適，從古至今，歷朝歷代，哪裡有皇帝，哪裡就有鬥爭。歸根結底，還是這個權力和榮耀的問題。在後宮混得越好，地位越高，就意味著走到哪裡都能受到尊重，或者說畏懼，也意味著你能享受別人享受不到的東西。

打個比方吧，外地進獻些稀世珍寶，人人都想要，但數量又很少，這時候會發生什麼情況？想都不用想，最得寵者，得之；地位尊貴者，得之。其他人也只有望洋興嘆的份。這還不算，還得忍受得之者在你面前明目張膽地炫耀。這種感覺想來都不美妙。與其看別人炫耀，不如自己去炫耀，在這個弱肉強食的世界裡，走自己的路，讓別人無路可走，才是後宮最強悍者！

出得了廳堂，入得了廚房，打得過流氓，鬥得過小三

宮鬥從來都是個費腦傷體力的活兒。整天得費盡心思審時度勢，想方設法應對各路伸出來的陰招、損招，一個不小心，連殺人埋屍這種力氣活都得自己幹。你還眞別覺得驚訝，這清朝紫禁城裡，尤其是在後宮裡，哪年不是要憑空消失幾個女人？奴才信不過，就得自己動手，難道處處留證據等「警察叔叔」來抓？哦，這是在清朝，應該說「官府」。所以，從安全上考慮，有些事情還是得親力親爲，自然是費神勞心傷體力了。

別提什麼你不屑的，要參與宮鬥還得有一定等級，不是什麼阿貓阿狗都能參加。想跟別人鬥，有時候別人還不屑跟你鬥，輕輕一個手指頭都能把你給整死。所以說，宮鬥前，請先核對下自己的身分。

通常，在清朝的宮中群鬥，即宮鬥，有資格參賽的是貴人以上級別的，其中以皇后、貴妃此等級別的人居多。當然，這只是慣例，也有些受寵還沒正名的秀

女、貴人以下級別的參與其中，而她們最顯著的特點就是受到皇帝的恩寵。你不受寵，別人還眞沒那個閒心思找你鬥，畢竟這是個體力活。

在這裡，有必要提醒這些還沒正名的女人，宮鬥有危險，入場須謹愼。在後宮裡憑空消失個貴妃、皇貴妃什麼的，皇帝自然會重視，皇后、太后也不會放過這件事情。可是，如果後宮消失個沒什麼身分、只不過陪皇帝有過露水姻緣的女人，大家是不會太在意的。所以，受到恩寵，還沒正名，身分還沒有實質飛躍前，低調是生存的不二法則。

如果你有幸達到國家級別的水準，那麼請參照一下宮鬥準則進行保「位」戰！無論是要參加哪個級別的宮鬥，都得伺候好一個主子。皇后？太上皇后？ＮＯ，是皇帝。他就是你的後臺，沒有後臺的人永遠只是陪襯。所以，要把皇帝伺候好，成為皇帝眼前的紅人。那麼如何成為紅人呢？「出得廳堂，入得廚房」是對女人亙古不變的要求。

如何出得廳堂？出得廳堂是指女子的社交技巧，要在衆多社交群體裡斡旋，而不是別人談什麼，你都一頭霧水，只會哈哈大笑失去了風範。所以，成爲皇帝受寵紅人，除了擁有美麗的外表之外，服飾要得體，談資要有風範，要有皇帝帶得出手的派頭。

當然，談資這東西不是一蹴而就，如果你還來不及博覽全書，那麼先走下捷徑吧。這捷徑就是什麼身分的人穿什麼樣的服飾、佩戴什麼樣的髮飾，千萬不能混亂，否則皇帝帶你出去，被別人看到就容易成爲把柄，到時候治你個罪，皇帝也不好說什麼。

至於服飾穿著禁忌，詳情請參照之前的章節。接著談談社交禮儀，無論跟皇帝去見皇后，還是見朝中大臣，都要記得把自己擺放在一個合理的位置，以標準的請安方式向對方請安。談話過程中，如果皇帝有問你意見，你只需笑笑，以袖子遮口，謙虛地回答：「朝中大事，臣妾不懂。」

記住，無論皇帝如何赦免你的罪行，都不要參與朝政的議論。當個「啞巴」

尙且能活，說錯話就死無葬身之地了。如果你早已飽讀詩經，博覽群書，在這裡也勸你當個「啞巴」。有時候，微笑、學會傾聽、不卑不亢和不參議朝政的女人，才是最出得廳堂、上檔次、大氣的女人。

那麼再說說入得廚房。縱觀大清後宮，眞正會下廚的貴人以上級別的女人還眞的沒有。說是入得廚房，也不過是親自監督廚房的下人弄點什麼糖水之類的。關於這點，皇帝也很清楚，上得檔次，享得了奢華的女人，從來都沒必要去沾那點油煙氣。所以，如果你不是眞的會下廚的人，千萬不要拿滿漢全席唬弄皇帝。你只需要發嗲地說：「皇上，臣妾見您連日來爲國家政務操心勞神，特地讓御膳房做了一碗清火的蓮子湯。」此處，「蓮子湯」可換爲多款糖水名稱，「讓御膳房做」也可以自行更換爲「親自監督」或者「親自烹飪」。當然，這點毫無技術含量的糖水烹飪，相信皇帝不會跟你較眞。

好了，以上說好籠絡皇帝的招，下面就要說宮鬥的升級祕笈：打得過流氓，鬥得過小三。會爲一隻蟑螂，一條小蟲尖叫的女人，絕對不適合生活在清朝後宮。因爲這裡臥虎藏龍，個個都是狠角色。前文說了，發生了點意外，分分鐘還要自己毀屍滅跡，所以一定要有「打得過流氓」的女漢子氣質，才能在宮鬥中生存。不過，打得過流氓，要狠，意思是面對敵人心要狠，必要時動動手，就是不讓對方覺得咱們是軟柿子，想捏就捏。但是，千萬不要把「女漢子」的一面給皇帝看，這個很危險。

而鬥小三呢？千古流傳至今，這是每個女人必經之路，尤其是清朝後宮的女人。皇帝對美女都有個保鮮期，保鮮期過了就會出現新的女人。所以，想成就霸業，你會有一堆的小三要去鬥。那麼如何鬥小三呢？

在清朝，鬥小三的招數來來去去，無非都是幾個路數。陷害，來點什麼宮中禁忌，尤其是皇帝最討厭的事情，比如弄個詛咒娃娃，下個蠱之類的，將這些道具神不知鬼不覺地放在皇帝最寵愛的女人宮裡，再適時找來一大幫人，包括皇后、太皇太后這些有地位的人，然後進行「抄家」，找出道具，陷害成功！

陷害加裝可憐也是宮鬥常見的路數。沒有一個男人喜歡邪惡歹毒的女人。所以，掐準皇帝出現的時候，激怒他最寵愛的女人，讓她動手打你，這一幕自然要讓皇帝看到，接著就是梨花帶雨地哭啦。哭完之後，一定要大度地為對方求情，這樣你就無限抬高了自己，同時踩低了對方。

最後也是最狠的一招。此招較為歹毒，但是同樣在清朝後宮不乏所聞。母憑子貴是後宮的生存法則。皇帝會老，但是後宮的年輕女人往往還有大把時光要度過，所以就得靠自己的兒子了。自己有兒子，還不夠保險，還需要別人沒有兒子。所以，偷偷下墮胎藥也是宮鬥的升級版損招。

如果你天資聰穎，以上各招都能融會貫通，避開損招，用好高招，成為出得廳堂，入得廚房，打得了流氓，鬥得過小三的女人，那麼，你已經離危險不遠了。因為全能的光芒已經讓你成為出頭的鳥兒，等待你的往往是致命的子彈。當然，如果你能低調點，表現得無欲無求，適時遠離下皇帝，跟姊妹聯絡下感情，膝下又有爭氣的兒子，那麼稍微注意點食物和多點智慧，還是能熬到出頭之日的。

最後，總結一句，在清朝宮鬥路上，贈你一句良言，以此共勉——「路漫漫其修遠兮，吾將上下而求索」。

後宮「謀殺」大全

在清朝後宮，每個女人都居安思危，心眼動得快，行動上卻要再三思量，為什麼？其實不為什麼，因為保住小命要緊。在後宮，太蠢會死，太聰明也會死，太受寵也會死，不受寵的說錯句話，得罪個人也會死。

總之，在大清的後宮裡，最不缺的就是女人，最廉價的也是女人。有人顯貴不可一世，有人丟掉小命就跟一根羽毛被風吹走一樣簡單。那麼，如何在如此危險的後宮裡保住小命呢？大家都知道，留得青山在，才有命可以參與宮鬥，所以聰明的你不妨先瞧一瞧後宮的謀殺大全。

結果都是一樣的，就是下地獄。但是過程卻不盡相同。自盡可以說是清朝後宮女人最常見的結束小命的途徑。在電視劇裡，經常可以看到兩個畫面，一個女人領著一條白綾扔到房樑上，打結，上吊，遊戲結束；或者，你還會看到什麼太皇太后、皇后之類御賜毒酒，「咕嘟咕嘟」喝下，小命嗚呼。也許你會說，這算哪門子的謀殺啊！沒錯，看官不是清朝的女人，走眼了吧！在清朝後宮，御賜的白綾和毒酒都有可能是假的。御賜這些殺人道具，有時候真的是皇后賜的，但不是皇上的意思；有時候是他人假借皇后之名送來的。所以，早早地上吊，或傻傻地把毒藥喝下，小命嗚呼，到閻王那裡都會被嘲笑。甚至，等到你被宮鬥清出局，結束了性命後，那些歹毒的人還會給你留下一封自盡遺書，或者偷情的情書。總之，他們會讓你的自盡看起來非常合理。

那麼，如何應對這樣的謀殺呢？首先，要鎮定，一定要扮演出難受和順從的模樣，太鎮定也不好，會讓送來道具的人產生懷疑；其次，迅速派遣兩個以上的密使，兵分多路進行救援。一路人馬去找皇上問個究竟，究竟是不是他老人家的意思，如果是，對不起，君要臣死，臣不得不死；如果不是，自然趕緊告訴他老人家有人要謀殺你。即便他最後救不了你，起碼也不會死個不明不白。再派一路人馬去找你的後臺和利益關係人。找人給你後臺通風報信，自然是希望後臺能出手救你！而找你的利益關係人是給他施壓，意思是你死了，他也不會好過！以上是方法，能否留住小命就要看造化了。

除了用假自盡的方法來消滅對手，跟賜毒酒技術含量不相上下的謀殺方法就要數投毒了。在清朝的後宮裡，爲了消滅對手，收買對手身邊的小丫鬟，往對手碗裡投毒或者下慢性毒藥的事情不在少數，甚至還有人將毒藥抹在盆栽、玉器上當禮物送給對手。如果你警戒心不夠，就會死於非命。

當然，此類陰招還是有破解的方法：方法一，時刻準備銀針，永遠不要相信自己以外的人，當飯菜全部擺上桌後，可以讓婢女先行退下，自己獨個用銀針試毒。此方法尤其要用在自己的湯藥上面；方法二，不貪小便宜，甭管是誰送來的禮物，都讓它有多遠滾多遠，千萬不要反覆拿在手裡把玩，當然感激之情還是要口頭表達的。如果有人將糕點當作禮物送給你，盡可能拿身體抱恙當藉口拒吃，實在推辭不了，就請對方一同享用，看對方在哪裡下手就吃哪邊的食物，當然不宜多吃。

除了要小心面對造假的謀殺道具之外，有水的地方也要少去。這清朝後花園的池子裡都不知道要了多少宮女、主子的小命。看似風和日麗，心情大好地賞花，殊不知一個冷不防就被人推下水，下水後，還可以隱約聽到那個謀殺你的人焦急的叫聲「救命啊！」看吧，這世道多險惡啊！所以，如果不會游泳的，最好遠離池子。即便必須經過池子、湖泊之類的，一定要多安插幾個親信在身邊，以防萬一。

千萬不要覺得此舉是多餘，想要留住小命，請保鏢的錢自然不能省。從古到今，哪個皇后身邊的太監不是會翻牆入室、飛簷走壁的！瞧瞧，皇后的覺悟多高，一方面留幾個武林高手當保安用，畢竟人在高處走，哪能不挨槍，安全問題必須要謹慎；另一方面，留幾個高手自然可以當殺手使！皇后尚且如此，你怎麼能不多找幾個保鏢呢？說不定某個月黑風高的夜晚，就有黑衣人拿著刀闖進你的香閨，這時沒有保全人員，自然是小命嗚呼！要知道在清朝後宮，不但有妃子被黑衣人謀殺，還有人被活活給打死，你還敢省保鏢錢嗎？

再說說「打死」。此等技術含量極低的謀殺方法，很多人可能不以為意，覺得光天化日之下，應該沒有人會用此等白癡的方法來謀殺皇帝寵愛的人吧。不，如果你也這樣覺得，那麼就真的很傻很天真。要知道，「打人」也可以做得很冠冕堂皇。

在清朝後宮，只要哪個妃子犯下違背後宮禁忌，掌管後宮的皇后是有權根據律法進行杖責的。於是，你常常會看到同樣是清朝背景下的古裝劇《還珠格格》裡的經典臺詞——「拉下去杖打三十大板」。沒錯，一個格格尚且會被人打屁股，何況是妃子呢？要知道弱不禁風的妃子遭遇這三十大板可不是好受的罪行，更何況這些打手都被人「囑咐」過要進行特別照顧。所以，也有皇上寵愛過的宮女，「不小心」在合理的杖責下丟掉小命，據說打人的大板還可以抹上毒藥的方法讓對方丟掉小命。要化解這個技術含量低的謀殺方法就只能自求多福，少得罪人，多按照本子做事，言行舉止規規矩矩，興許能平安度過流年。

最後，再說說一種高端大氣上檔次的謀殺方法——「惡死」。在這裡，「惡」是非正常的意思，意指被氣死、氣絕身亡。此等高技術含量的方法自然不是每個人都能修煉出來，也不是一蹴而就。通常情況下，後宮女人的身體條件都差不多，若是看到哪個弱不禁風，經常嘔吐鮮血，時不時就鬧昏倒，那多數是被人給氣出來的。長期壓抑加上宮鬥不得志，於是產生了古代版的後宮綜合抑鬱症。如果繼續在宮鬥這條路上屢受打擊，那麼最後就會口吐鮮血，氣絕身亡。

在道光帝還沒有確定儲君，一路糾結，每天吃不好，睡不好，擔心這個，擔心那個的時候，宮裡發生了一件事情。史載：「孝全皇后由皇貴妃攝六宮事，旋正中宮，數年暴崩，事多隱祕。其時孝和太后尚在，家法森嚴，宣宗（道光）亦不敢違命也。」

這事情怎麼講呢？傳說道光皇帝的原配孝全皇后爲了讓自己的兒子順利成爲儲君，妄圖毒死其他皇子。這件事情被皇太后知道了，皇太后非常生氣，準備下懿旨處死皇后，可皇后不想死啊，於是皇太后就命宮女天天到皇后門前哭泣，硬是逼著皇后自盡了。不得不感慨，這眞是後宮謀殺的最高境界，既做得光明正大，不用偷偷摸摸，又達到了目的。

此等謀殺方法若想化解，就要做到無欲無求，不爭不搶的心修境界，也就是放寬心！良好的心態不僅可以讓後宮女人保持年輕、延年益壽，還能防止自己被對手給活活氣死。所以說，漫漫宮鬥路，心態好是關鍵。

兄弟是用來出賣的，姊妹是用來背叛的

偌大的後宮，究竟有沒有眞正的友誼？如果你已經生活在那裡，還是勸你放棄所謂的幻想，因爲那裡所有女人都只有兩種目的：第一，活下來，得到皇帝的恩寵；第二，太可怕了，爭取出宮。鮮少有人迷戀那裡伙食好，想在那邊平凡終老的。

想出宮的，咱們不提，那麼就只剩下一種女人——想得到皇上的寵幸。這是非常典型的一夫多妻制。你想你能跟自己丈夫喜歡的女人成爲好朋友嗎？不，這不可能，絕對不可能！也許你會覺得我誇大其詞，那麼我們不妨來鑒賞下清朝後宮女人的幾種友情模式。

第一種啓動友情模式——相識於貧賤時。一起參加後宮選秀，這個時候，大家的身分背景相差不會太懸殊，偶爾個別例子忽略不計。第一次離開家門，就跟

第一次離開家長溫暖的懷抱去上大學一樣，總是會感到孤獨和不安。所以，「室友」或參加選秀被分配到一起的「戰友」，就很容易建立起友情，圖的是彼此有個照應。

那麼這樣的友情模式會何去何從呢？答案是起於貧賤時，止於富貴時。同樣兩個選秀的好姊妹，如果兩人能一起被選上，自然是樂事一件。如果不能，兩者身分背景的懸殊就會造就兩人的矛盾。貧賤者不敢妄想去找富貴者，富貴者則以爲貧賤者忘記友情，如若來找又覺得對方有攀富貴的嫌疑。

富貴者對貧賤者伸出援手也未必會是件美事。貧賤者的自尊心會受挫，會誤會富貴者在同情自己。如貧賤者借助富貴者得以獲得皇上的恩寵，兩人之間又會暗暗比較恩寵程度。總之，怎麼做都不對勁。像此等友情，最好在什麼時候開始，在什麼時候結束，以免日後給自己添加不必要的麻煩。當然，說那麼多其實也不用這麼麻煩，如果你是那個被選上的，而你的「好姊妹」落選了，那你們估計再也沒什麼機會見面了，交不交往的，那都是空談啦。

第二種啓動友情的模式是棄婦大聯盟。此友誼的堅固指數往往比較高，啓動的女人都是曾經受寵又被皇帝遺棄的可憐人。這類型的女人如果不團結在一起，不互相鼓勵，好好過日子，還能幹嘛呢？當然，如這當中有人從「棄婦」又轉為「新婦」，那麼友誼格局又會重新洗牌。

第三種啓動友誼的模式則相對高級點，是志同道合大聯盟。此類友誼往往建立在對某件事物上的共同認知，譬如同樣不喜歡宮鬥，或者同樣喜歡彈琴之類。這類型的女人們有事沒事會坐在一起，共同商討興趣愛好，還會一起賞賞花之類的。但是，這種看似堅固的友情，何去何從還得看女人們如何經營。

舉個簡單的例子，志同道合的小姊妹，兩人恰巧穿了同件裙子，識趣的人就會割斷裙子說：「我穿得沒有姊姊好看，再穿就要丟人現眼了。」如能如此聰明伶俐，那麼經營的友情自然能天長地久。如果愚蠢到互相點評，那麼友誼只有死路一條。如果當中還有人不識相提起皇帝如何對待自己，送給自己什麼禮物，私下掀起攀比風，那麼離友誼破碎之日就不遠了。

第四種啓動友誼的模式有點危險，是利益同盟會。以彼此共同的利益做爲牽制，在某種特定情況下，兩人會相安無事地將友誼進行到底，畢竟彼此手上握著對方的命根呢！但是，如果兩人能互相牽制的底牌被換洗，造成兩人的勢力不均，那麼你死我活是必然的結局。

說罷了友情，再來說說親情。在大清後宮，一家之中出來的女人嫁給同一個男人那是常見的事情，原本皇家的婚姻就多爲近親結婚。雖然在選秀的環節規定，姑侄或姊妹不能同時參選，但要是錯開的話，也就沒有什麼更詳細的規定了。

爲什麼非得把這個親情拿出來說呢？因爲不想讓你抱有任何幻想，不要覺得是姊妹，彼此之間有個照應，在家同父，出來同夫，沒什麼。可是在男人夾雜著權力再夾雜著後代的權力如此混亂的局面下，親姊妹也會成仇人的。

比如孝莊太后，她的母家名字叫作博爾濟吉特．布木布泰，她和姑姑一同嫁給皇太極，姑侄倆的關係不錯，也確實做到了共同支撐這個男人的事業。但當她的親姊姊海蘭珠入宮之後，局面就不那麼樂觀了。

《清史稿》記載：「妃有寵於太宗，生子，爲大赦。」皇太極實在太喜歡這個女人了，因爲她不但長得漂亮，而且溫柔如水，看上去非常羸弱，讓男人生出無限的保護欲。在這一點上，顯然她的姑姑和妹妹都輸了，因爲那兩個女人只想著用自己的眞心和努力扶持皇太極的地位，卻忽略了自己所需要扮演的角色——身爲一個後宮女人，能讓自己的男人持續地想去呵護與疼愛，那就是保命的最大妙招。可是，得到了男人的寵愛，她就幾乎不再可能得到姊妹的支持了，哪怕是親姊妹。

海蘭珠和莊妃（博爾濟吉特．布木布泰）的關係並不好，雖然她表面上也想努力協調好姊妹之間的關係，比如在她病病歪歪，皇太極抱著她不肯撒手的時候，她會努力掙扎著，盈盈帶淚地勸說皇太極多去看望一下她的妹妹……（這到底是什麼邏輯）當然皇太極肯定不會去，但內心深處更肯定了這個女人無可替代的地位。

可惜，「常在河邊站哪有不濕鞋」，裝病裝久了，也就發展成了眞病，自從不到一歲的兒子死了之後，她鬱鬱寡歡，不久之後就告別了人世。母憑子貴也好，子憑母貴也罷，全都成了一段戲。關鍵是，她這一死，親妹妹莊妃也沒爲她掉過半滴眼淚，眞眞是沒多少感情。

說了這麼多，無非是想說，在後宮這個特殊的大環境裡，姊妹是用來背叛的，丈夫是不能共用的！友誼的眞誠度薄如牆紙，一捅就破！

站錯隊伍是要倒楣的

後宮是個大班級，如果說沒有派別，你也不信是吧？在後宮，宮鬥是永恆的主題。有宮鬥，自然就會有派別。如果你能自成一派，那麼恭喜你，說明你夠資格，地位也不差，自然會有一大幫小嘍囉想跟著你。倘若你的派別規模夠大，能自成體系，那麼你也不必去思考加入哪個大派別的門下，因爲你的目的就是爲自己而戰，就跟經營公司一樣，你就是要為這個團隊打拚，就是要實現自己最大化的利益。

而如果你不幸，還不夠資格跟後宮最大的主人——皇后抗衡，你只是個體或者小派別的話，最好找棵大樹去靠著，畢竟大樹底下好乘涼。

那麼如何尋找大樹呢？要知道站錯隊伍可是要倒楣的。你隊伍的頭兒如果在宮鬥中不幸被打壓下去，日子自然不會好過。自古被鬥敗的主人的狗腿，很少能成功轉型的，所以選擇正確的隊伍很重要。

下面，我們先來看看清朝後宮一般會有什麼派別。

皇后派。皇后掌管後宮，是後宮最大的權力人，自然也是後宮第一大派別，就跟武林中的少林寺、武當派那樣，是上得了廳堂的大派別！不過，很不幸，自古以來，多數皇后有權力，但沒人！

「沒人」自然是指得不到皇帝的人。畢竟，一手要權力，一手要老公，兩手都要抓，兩手都要硬，這樣成功的女人還是少數。倘若皇后有權又有人，那麼她也不必辛辛苦苦去經營什麼派別，因爲她就是老大啊！你看董鄂妃被稱爲清朝史上最受寵的皇后，順治喜歡她喜歡得要命，可她也是死後才得到皇后的稱號，且沒有資格與皇帝合葬，在那個世界估計都找不到彼此了。

所以說，集權力和萬千寵愛於一身的女人還是少數。那麼，皇后就要自立門派（畢竟盯上這個位置的人可不在少數）。如果單獨格鬥，她會累死，故此必須依靠門派勢力來鎭壓這些虎視眈眈的女人。

既然皇后的門派是第一大派，那麼我們是不是要參與其中，這畢竟是政府機構啊！不，古今中外的事例一再告訴我們，下馬的皇后不在少數，像順治就廢掉一個皇后，還心心念念想廢第二個；再比如乾隆，第二位皇后當得好好的，可就因爲一句話不對盤，立馬被廢，形同入了冷宮，據說這不對盤的理由簡單得要命，就是皇后勸阻皇上，讓其不要在南巡的路上到處留情罷了，說穿了是小女人耍耍性子，嫉妒一下吃點醋，誰知道竟會招來滅頂之災？所以，皇后的派別未必是最好的派別。

除了皇后派，其他女人就會組成兩大派系，當然這些大派系又會根據各自的勢力細分成小派系。在這裡，我們先說兩大派系。這兩個派系是根據目的而區分的，第一派系是與奪嫡有關，第二個派系是純宮鬥。怎麼說呢？奪嫡就是皇帝已經有指定的繼承人，可是生了兒子當媽的人不甘心，總是處處想方設法要跟皇后鬥，企圖把太子給拉下馬，讓自個的兒子當上太子。這樣一來，皇帝歸天的時候，自己可就是後宮最大的女人——皇帝的老媽了！所以，很少有人能在皇后派系和第二派系中遊刃有餘，畢竟他們的矛盾是對立的！

除了第二派系，第三派系的純宮鬥就會顯得單純很多，此類女人多數沒有兒子，甚至可能還沒有生育，她們爭奪的目的只是皇上的恩寵。此派系跟那些看開的皇后倒是沒有巨大的矛盾關係。但是，如果你所處的派系的主子太囂張，仗著皇上的恩寵就不把皇后當回事，那麼皇后自然還是會收拾她的。

好了，認清派系，我們就選擇一個隊站進去吧！如果你把事情想得如此簡單，那麼還是不要穿越到清朝爲妙，因爲你有多天眞就會死得多難看。每個人的派系，除了派系領導人之外，沒有人的身分會被固定。即便已經選擇了第三派系，還是有可能被皇后私下約見，請你演無間道。這個時候，你答應就等於更換派系了。怎麼樣？要如何抉擇呢？

這就必須做到眼明心亮嘴巴緊！

眼明，你必須認清局勢，當前誰有權力，誰的發展前景最好，誰最可能成爲宮鬥最終的成功者。當然，就像賭馬一樣，除了分析當前的局勢，對手的情況，還得思考這派系主子的能力。胸大、無腦、短暫有權的人堅決不考慮。此類不聰明的人最終會被後浪拍死在宮鬥的沙灘上。因爲胸大、無腦受寵的女人都有個致命特點：過於招搖！她們只想到目前受到恩寵，所以不可一世，任誰都沒有放在眼裡，忘記了花無百日紅的道理，自然下馬之日，就是整個派別覆滅之時。所以，認清這類主子，遠離她，選擇低調，有智慧，受寵，腹黑的主子，最好在朝中還有個勢力，官二代就更好了。

心要擦亮！跟了主子，就要把心給擦亮。一方面，要不時把心掏出來給主子瞧瞧，讓她看看你究竟爲她幹了些什麼事情，爲她打探到什麼；另一方面，要完全掌握主子的心思。有些主子因爲要營造外交形象，常常口不對心。如果她很想去參加皇帝的某個盛宴，卻在旁人面前說自己不夠資格，不敢奢望參加之類，你信以爲眞，不積極爲她謀劃，那麼你就死定了。這麼蠢的人，哪個主子要留在身邊啊，難道用來氣死自己嗎？

做到了以上兩點，穿越去清朝的人還要注意，嘴巴要特別緊。對於主子的祕密，千萬不能隨口告訴任何人，就是你老媽也不行。因爲只要透露出去，你就只能提頭來見。聰明的你，如果不想選擇派系，依然適用「眼明心亮嘴巴緊」的教條。掌握這三點，適度把無欲無求給表現出來，大家知道你不是來分一杯羹的，興許會放過你哦！

專房之寵

身爲一個女子，當然希望自己的男人對自己至死不渝且專一，即便做不到唯一，也要做到最愛。想想，在活過的這些歲月裡，在懂得男人女人之間的情情愛愛後，是不是就期待這樣的愛情呢？

照理說，希望男人執著專一也是正常，不過男人天生爲「下半身動物」，何況是在各種權益利益交疊的後宮之中。因此，既然已經身在紫禁城，就別指望什麼圓滿的愛情了，先活下來才是正事。

當然，也不排除你花容月貌善解人意，出得廳堂入得廚房，能扮演皇帝的手中愛、解語花……（別忘了前面說過，全能也危險）皇帝就是喜歡你，就是願意和你待在一起，就是冷落了其他人。別得意，因爲此時的你已經身陷險境了！

可惜很少有女子看得清楚這一點，大部分人在得到專寵的時候，都很容易恃寵而驕，覺得皇帝這陣子喜歡你，似乎就會一輩子喜歡你，你要什麼就給什麼，你想讓誰死就讓誰死……趕緊醒醒吧。姑且不說這男兒薄情是天性，即便專寵也未必能享受終身。就算眞的遇上了一個諸如順治一樣的癡情皇帝，可是又有什麼好處呢？你沒有朋友，所有女人都討厭你，大家群起而攻之，連皇太后也責怪你蠱惑聖心。你委屈，你傷心，你在愛人肩頭痛哭了一夜又一夜，妄圖用女子的柔弱換來老公一生的疼愛，可惜你眞的搞錯了，目前最重要的，不是搞定這個男人，而是搞定這個男人身後的一大堆女人！

不過，董鄂妃還是知道自己在宮中的尷尬地位的，如若不是當初和順治一見傾心，估計她也不願來到這後宮瞎摻和。當然這事兒也由不得她，光看順治不惜放下自己皇家的尊嚴，厚顏無恥地把弟弟的心頭愛搶過來的行爲就知道了，你董鄂妃愛不愛皇帝，都是得進入這深宮大院蹉跎一生了。

幸好董鄂妃自小讀得詩書，也頗懂幾分道理，越是得寵，越是要收斂鋒芒。於是她很快就打出了一個明顯的標籤：不爭寵。爲了讓衆人相信她不爭寵，放低對她的戒心，她時常把皇帝晾在宮內，自己跑去給皇太后、皇后請安。別人欺負了她，她也忍辱負重，以德報怨，跟其他后妃和平相處。在皇太后、皇后、妃子們生病時，董鄂妃也悉心照料，甘願當下人。

能把自己放到這樣低的位置，確實不是普通人所能做到的。她這樣辛勤耕耘和付出，順治就越發喜歡她，說是喜歡她的品行，好幾次要立她為皇后都被她婉拒了。所以，識大體的董鄂妃很難成為皇后的眼中釘。此外，董鄂妃由於德行俱佳，在大臣們眼裡也是後宮不可多得的賢妃，有人甚至作文論董鄂妃，為順治皇帝全力處理政事，創造了良好的後宮條件，以此來高度讚揚董鄂妃的品行。

享受專房之寵又不為自己樹敵的董鄂妃，成功地成了順治皇帝心中的最愛。順治皇帝在死之前，還特地檢討自己，說自己由於過度溺愛董鄂妃，導致自己在董鄂妃的喪禮上大失禮節，過度鋪張浪費，還因為董鄂妃的去世造成自己悲傷過度，荒廢政事，使朝野動盪。由此可見，董鄂妃在順治皇帝的心目中地位有多重要。

不過要當董鄂妃這樣的女人自然也不容易。由於董鄂妃處處標榜自己的好人形象，哪個人病倒都要衝到第一線，染上病菌不說，長期下來身體不堪重負，健康情況日益下降，最終因病撒手人寰，結束了美麗的專寵一生。

董鄂妃敵不過命運，死的時候才二十二歲，眞眞是可惜了。不過她的死，除了順治皇帝一人傷心難過之外，宮裡宮外的人似乎都有些高興。爲什麼呢？因爲皇帝在她身上花費了太多的心思，甚至有了不當皇帝，要和董鄂妃去做閑雲野鶴的想法，這在衆人看來，那是多麼危險的舉動啊！

其實，董鄂妃在世的時候，順治皇帝的日子也不好過。爲什麼呢？這個事情就要追溯到明朝確立的「言官制度」了。明太祖朱元璋效仿元朝制度建立了都察院，養了一批認死理又喜歡說話、敢於說話的「道學先生」，是爲「言官」。這些言官主要工作就是充當皇帝的耳目，彈劾一切他們看不順眼的事情。當然，這種彈劾必須有理有據，不能夠瞎編亂造，否則很可能遭到殺身之禍。

到了清朝，承襲明制，言官依然存在。這些敢於說話的書呆子連皇帝的面子都不給，要是看到皇帝做錯了什麼，也是要直言進諫的。順治皇帝這種沉溺女色的行爲，在朝臣眼中實屬誤國誤天下，當然有人會冒死來勸誡皇帝。

順治皇帝並非昏庸的人，也不會因爲哪個大臣說了不中聽的話就要將其置之死地，因此他只能忍受著耳根子的折磨。想想他那時候的日子也不好過，言官們一天一份奏摺地遞著，引經據典地說著不要專寵后妃的話。看皇帝沒有回應，便有大臣朝上說，朝下說，絮絮叨叨讓順治不得好過。當然，說的人還不止大臣們。回到後宮，皇太后語重心長地規勸，皇后和其他嬪妃們也會任性地甩臉子，說著些指桑罵槐的話，要嘛就淒風苦雨地抱怨，說皇帝都忘了自己。

眞正能讓他舒服的，還是只有董鄂妃，不解釋，不抱怨，溫婉如水地分擔著皇帝所承受的壓力。因此，旁人越是施壓，皇帝就越是喜歡膩在這位可心人的身邊。

對於這種專房之寵，前面也說過，皇后是有權力過問的，這是她母儀天下的責任。除了皇后之外，大臣們也是可以過問的。如果皇帝因爲沉溺女色而耽誤朝政，大臣們也有責任進行規勸，特別是那些有著先皇遺命的顧命大臣。

當然，說不說是旁人的事情，聽不聽是皇帝的事情。皇帝聽勸還好，做該做的事情，不要把自己的感情暴露得那麼明顯，那麼大家相安無事。倘若皇帝不聽，那獨得寵愛的你就要遭殃了。

你想啊，別人就算規勸皇帝，但那畢竟是一國之君，誰又敢怪罪他呢？矛頭不是全都得集中到你身上來？後宮中人會罵你狐媚惑主，朝臣們會說你蠱惑聖心，建議打入冷宮之類的。而這大臣和后妃往往有聯繫，比如這個妃子的父親剛好是上書房或者軍機處的大臣。於是，父親在朝上說著官方的話，暗地裡女兒也收到資訊，開始張羅著如何栽贓給你，弄你一齣罪，讓皇帝不得不制裁你，甚至從此討厭你，大家的日子也就能得到些許安樂了。

因此，面對皇帝的專寵，恃寵而驕是最腦殘的做法，這樣不但把自己放在了出頭鳥的位置上，還可能會把災難帶到你的家人身上。若問有沒有最好的策略？抱歉，我還眞說不上來。這種因人而異的事情還得你自己去用心揣摩。不過謹記「槍打出頭鳥」的道理，適當的時候，避寵也是必須的。

好在這樣的皇帝也不多，甚至少得可憐，大部分皇帝對所謂愛情的保鮮期都是極其有限的，所謂的專房之寵也不過曇花一現。比如說，雍正皇帝還在親王時期，也曾獨寵過年羹堯的妹妹年氏。不過，這個熱度也只維持了三個月左右而已。

雖說後來雍正對年氏的感情還是一如既往，沒有忽略她，更沒有忘記她，但這也是建立在政治基礎上的，而非單純的感情。說白了，年氏不過是雍正牽制年羹堯的一枚棋子。當然，歷史上的年氏爲雍正生了四個孩子，也算是獨得聖心了，可惜的是這麼些個孩子中，沒一個讓雍正看上眼做皇位繼承人的。

可見，在清朝後宮之中，專寵這種事情不常發生，反而大部分人的心思都是放在如何邀寵上。要是方法得當且留住聖心的時間足夠長，那步步高升不是夢。

第 捌 章

「女漢子」的步步高升

社會壓力越來越大，對於女性的要求也越來越高，女人不但要生孩子，還得幹著和男人一樣的活，掙錢養家不說，還得知書達理維持良好的形象，半邊天的時代雖然讓女人揚眉吐氣了，但細數下來也的確不容易。看看這個標準吧，「上得了廳堂，下得了廚房，殺得了木馬，翻得了圍牆，開得起好車，買得起好房，鬥得過小三，打得過流氓」，是爲極品「女漢子」，有男人能活，沒有男人也能活。

可在大清後宮，這些定理卻需要有所更改。儘管一個男人讓幾十個甚至上百個女人分享，的確有很多人可能長期處在「沒男人」的狀態中。但生活安逸，孤獨終老並不是後宮準則。一旦到了這圍城之中，就沒有所謂的安逸了，要是不得寵，長期幽居，就必然要受到冷遇，連下人都不把你放在眼裡。剋扣該有的份例不說，可能連熱菜熱飯都吃不上。這樣還不如在家裡做一介平民。

所以，來到後宮，沒有誰想過那種冷冰冰的日子，想吃好的，穿好的，路遇行人個個對你畢恭畢敬，就得有一個穩妥的靠山。且依著這個靠山，從小角色一步步往上走，披荊斬棘，達到高位。因爲只有站得更高，才可能擁有更大的權力，也才可能實現自己想要的，同時擁有自保的能力。

後宮女子排序

在清朝後宮裡生存的女人通常都只有兩種心思：出宮和當皇后！

第一種人希望自己平平安安活到二十五歲，順順利利出宮，遠離紫禁城這個是非之地。當然，這種想法只存在於宮女中，因爲只要被冠上「皇上的女人」之名，無論有沒有被皇上寵幸過，終身都不得離開皇宮。這點很好理解吧！畢竟一人之下，萬人之上的皇帝怎能容忍自己戴綠帽子？所以，他寧可要大把女人獨守空閨，都比自己戴綠帽子好！

第二種女人在後宮的女人堆裡占絕大多數人，就連普通的宮女都會忍不住幻想自己被皇上寵幸，飛上枝頭變鳳凰。畢竟，皇后是統領後宮的主人，誰不想成爲這個最有權勢的人呢？即便成不了皇后，也能當個主子啊，當向你行大禮的人越來越多，皇帝賞賜的東西越來越多，工資也越來越高的時候，那種滿足感不是三言兩語能夠形容的。

在清朝的後宮裡，我們已經知道最高目標是成爲皇后，那麼要如何成爲皇后？後宮裡的女人分爲幾種等級？我們如何像周杰倫唱的《蝸牛》那樣，一步一步往上爬，在最高點跟親愛的皇帝舉案齊眉，順便也展示下自己母儀天下的風範呢？

別急，玩遊戲打通關最重要的是知道規矩。我們先瞭解下後宮女人的等級，最低的等級自然是宮女，也就是我們常說的丫鬟。這種是伺候主子的命。當然，歷史上由丫鬟步步高升成爲皇后的狠角色也不是沒有，衛子夫、王政君、趙飛燕都是從宮女晉升爲皇后的一等一高手！但是，目前在大清皇朝裡，暫時還沒出現這樣的例子。當然，也不能排除你就是能創造這個奇蹟的人。

如果你是一名小宮女，不是從選秀的淘汰賽出身的，但又很幸運被皇上給相中了，那麼恭喜，你可以升爲答應了。「答應」這個稱號又可分爲大答應和小答應。不過，兩者區別不大。如果皇上格外喜歡你，那麼估計你不會在這麼微不足道的小位置上待太久。當然，規矩還是要講的，皇上還沒頒發升級資格證的時候，最好學乖點。要知道，在清朝後宮裡，答應可是沒有什麼地位的，只能分配一位宮女伺候你。通常情況下，這位宮女不會太把你當回事，而別的路過宮女也不會把你當成主子。說難聽點，答應就是「一夜情情人」的代名詞。所以，趕緊想點招數升遷吧。

答應往上一個等級就是常在。如果由答應升為常在，那麼可以分配到兩名宮女伺候你。不過，這個等級還是滿低的，有志氣的人應該不會願意停留在這個位置。這個位置可是連宮鬥入場券都領不到呢！

如果你是通過選秀女的身分亮相，且有著正宗的上三旗血統，又幸運地被皇帝給相中，那麼恭喜，你可以免去從答應、常在這兩級來晉升，直接可升為貴人。提到選秀女，我們就不得不提葉赫那拉．杏貞。聽到這個名字，也許你覺得挺陌生的。

可如果我換個說法，估計你會「哇」一聲說出來。是的，也許你已經猜出來了。這個葉赫那拉·杏貞就是慈禧太后，那位在大清史上赫赫有名的老佛爺。

慈禧太后也是秀女出身的，跟你相比也沒有太多的優勢。她雖然出身官宦之家，但是家裡人做到最高等級才是個四品的官員。所以，慈禧深諳自己的處境不樂觀。再說，她老人家年輕的時候也不相信什麼一見鍾情的鬼話。要知道，讓皇上在四下無人的情況下，對一個女人產生一見鍾情還比較容易。如果讓他在美女堆裡對一個女人產生一見鍾情，那估計機率非常之低。慈禧不敢奢望這種低機率事件發生在自己身上，所以她決定自助！慈禧花錢透過層層關係買通了皇帝身邊的親信，得知皇帝會在哪天傍晚去遊御花園。於是，她就在那邊守株待兔。

果然，有錢能使鬼推磨。慈禧買通的小太監不負所望，精準地把皇帝會路過的地方都告訴了慈禧。慈禧掐準時間，假裝在那個地方尋找丟失的絲巾。皇帝路過遇見她，問她幹什麼，慈禧始終低著頭回答皇上問題。這下，男人的好奇心被激起了，皇帝讓她抬頭，她緩緩地抬頭，露出女子該有的嬌羞。轟——！一時勾動天雷地火，在迷人的夜色裡，剛剛辦完了公事，準備琢磨點私事的皇帝正愁著不知該寵幸哪家姑娘，這下居然有個嬌羞的美人送上門，就是她了！

當然，慈禧也不是蓋的，雖說不是博覽群書學富五車，但也識得幾個字，說得出一些女人該遵循的道理，重要的是，她居然能在短時間內透過觀察和交流，摸準皇帝的心思。每每開口，總是皇帝想聽的話；每每關懷，總能到達心坎上，她不得寵誰得寵。擄獲了皇帝的心，沒多久她就成了蘭貴人。

兩年後，慈禧又被封爲懿嬪。這嬪就是貴人往上一級的職位了，是皇后之下第四等的位置，能擁有六名宮女伺候。不但如此，在後宮很多事情上，嬪位的待遇和妃位是一樣的，比如當上嬪後，就算是一宮主位了，在自己的宮裡，可以管理其他的小主。再比如，參加一些大型活動的時候，嬪及其以上的後宮女眷可以露臉，那些答應、常在，就只能縮在自己的宮裡聽熱鬧。

又過了兩年，慈禧被賜封爲懿妃。撒花，這可是皇后之下第三等的位置，能擁有六名宮女伺候。更難能可貴的是，妃這個職位只能有四個人可以獲得。

話說，慈禧當年在清朝後宮可是混得順風順水，只是一年時間，她就從妃升為貴妃，離皇后大位只有一步之遙。貴妃在清朝的後宮裡只能有兩位，能獲得八名宮女伺候。跟答應一樣，有大答應和小答應，貴妃有貴妃和皇貴妃。不用說，皇貴妃是貴妃之上的一個等級，後宮只能有一個皇貴妃，而皇貴妃也同樣能獲得八位宮女伺候。

皇貴妃之後自然是皇后啦！不過這個位置不是那麼好當的，一來，皇帝結婚早，也不知道你入宮的時候是第幾次選秀了，倘若這位皇帝不是少年繼位，而你來的時候也不是第一次選秀，也沒有拿到內定名額，基本是與皇后無緣的。當然，如果皇帝是成年後從親王繼位，而你也不是人家當年的嫡福晉，也不用考慮皇后這個位置了。

不過話不能說那麼死，所謂「國不可一日無君」，按照大清律和滿族人民的信仰，這國也不可一日無后，如果皇后早亡，或者觸怒皇帝被貶斥，就一定會有不同的人給皇帝施加各式各樣的「軟壓力」，目的就是讓皇帝儘快確立新的皇后，以便有人能夠母儀天下，管理後宮，這樣皇帝也才能算是「全乎」。如果你恰巧碰到這樣的機會，那就緊緊抓住哦！

母憑子貴

母憑子貴，在後宮的女人們無一不知道這個詞的分量！所以，成堆的後宮女人想給皇上生孩子。所謂爭寵，本質上也圖的是這個，不管留不留得住皇帝的心，至少先留住皇帝的人，這樣才有可能一朝受孕呀。

不過在清朝還沒有先進的醫療技術可以提前預測出寶寶的性別，所以實際上后妃一旦確定懷孕了，就能受到良好的待遇。正所謂「我是孕婦我最大」。不過那些被皇帝突發奇想臨幸了的宮女除外，除非皇帝還惦著她們，給個名分，否則很難爲自己爭取一些權益。

當然，在等級森嚴的後宮之中，后妃們懷孕生子所受到的待遇級別也是很分明的，《國朝宮史》中就有記載，后妃生產滿月之後，都會得到賞賜。皇后得賞銀一千兩，皇貴妃得賞銀五百兩，貴妃得賞銀四百兩，妃得賞銀三百兩，嬪得賞銀二百兩，貴人和常在得賞銀一百兩，答應得賞銀五十兩。這是什麼概念呢？按照清朝銀子的純度和如今白銀的價值來換算，皇后的一千兩大概等於今天的九十萬台幣……這還只是明文規定要發的「獎金」，皇帝、皇太后高興了，肯定還會賞點什麼值錢的東西。各宮嬪妃過來祝賀，不管是眞心也好，假意也罷，都不可能空手而來，總得帶點什麼好東西撐撐場面，這些林林總總加起來，也是很大一筆收入了。

除了實際的銀行卡上的數目，生了孩子的好處還有就是得到政治地位的提升。比如你正跨在貴人位分上尷尬不已的時候，老天賜了你一個孩子，孩子他爹一高興了，立刻晉封你爲嬪。上一個檔次，各方面的待遇都大有不同。再比如你一朝得子，又頗得皇帝寵愛，立刻封兒子爲太子也是有可能的。

看來在這後宮之中，生孩子還是一件賺錢的事情。而且這裡不會計劃生育，反倒是鼓勵生育，只要你有足夠的辦法讓皇帝來賜予雨露恩澤，只要你有足夠的身體素質去生育，獎金是不會斷的，生兒子的概率是大大有的！

現代都市的女人，懷孕了也照樣得擠公車擠地鐵上班，一直要堅持到臨產前，才能夠光明正大拿著生育保險帶薪去生孩子，這份煎熬相信很多人都感同身受。不過在大清後宮，這樣的事情絕對不會發生，定期巡檢的太醫一旦宣佈你懷孕了，即便皇帝不是千恩萬寵，該有的照顧是不會少的。從檢查身體到飲食起居，還有各種必需的物品、藥品一樣不缺。

《全貴妃遇喜四阿哥底簿》這份檔案資料中，就詳細記載了道光帝的全貴妃從懷孕到產子的全部情況。在這裡先強調一下，這全貴妃生下來的兒子，就是後來的咸豐皇帝。咱們不妨從這裡看看，給皇帝懷胎生子受到的待遇。

道光十年（一八三〇）九月，全貴妃懷孕了，由內務府專門安排負責全貴妃這一胎的太醫，每天定時上門把脈。飲食和藥水都根據全貴妃的身體安排和調整。

每週的妊娠檢查都要備案。

到了第二年的三月二十五日，全貴妃懷孕七個月了，太醫院的三位御醫進行會診，得出的結論是「脈息安和」，道光皇帝特別下了一道旨意「照額加半吃食」，並增加了幾名高素質的侍女來隨身伺候。

從四月二十八日起，御醫和接生婆開始輪流值班，一刻鐘的空檔都不能出現，總管太監親自上夜守喜，為的就是保證全貴妃臨產時，可以第一時間去調動其他人員，並且實施全方位的安全保障措施。

六月初九，全貴妃生了一個小皇子，總管太監領著御醫院的御醫，還有大方脈和小方脈的醫生給母子二人進行身體檢查，得出「母子脈息安和」的結論，遂奏報道光皇帝，於是乎，龍顏大悅。

關於全貴妃懷孕生產的這份資料，充分體現了一人懷孕，忙壞大家的局面。但關於吃穿用度的奢華與否，並未做詳細的記載。到了二十五年後，全貴妃的兒媳婦慈禧身上就不一樣了，關於她生同治皇帝的始末，那是有著點滴細緻的記錄的。

一八五五年七月，對於慈禧來說應該是雙喜臨門的日子，一來她得到了老公咸豐皇帝的寵幸，由貴人升爲了懿嬪；二來沒過多久她就懷孕了。關於內務府如何安排，共有多少名宮人照顧她，每天吃多少東西，在這裡就不一一贅述了。只是到了年底，懿嬪已經懷孕六個月，清宮有規定，內廷主位懷孕六個月，爲保障母子平安，允許母家一位親屬進宮來照顧和陪伴，於是慈禧就高高興興地把母親請進了宮。

春節剛過，慈禧的儲秀宮中就增加了兩名高素質的宮女，兩名管燈火的宮女，還有兩名洗衣服的宮女。臨近產期的時候，兩名接生婆和兩名御醫共同輪流上夜值班和守喜。幾天之後，值班的御醫增加到了六位，晝夜交替值班，以備不時之需。

慈禧整個懷孕的過程中，配備有專門的御醫隨叫隨到，而且每個月都要進行一次會診，母嬰情況即刻上報皇帝。

爲了迎接皇子的到來（雖然誰也說不準一定是皇子），宮中必須提前準備嬰兒所需的一切。這裡也有詳細資料記載，爲慈禧的孩子準備的東西有：棉襖十八件、夾襖九件，共計二十七件衣服共用去布料「各色春綢七丈五尺一寸、各色潞綢八丈一尺三寸、白高麗布三尺、藍高麗布三匹、白漂布兩匹、藍扣布兩匹」。此外還準備了數十塊尿布、小被子、小枕頭、兜肚、繈褓等等，還有嬰兒必需的木盆、木碗、搖車等。

一應物品，連帶著一塊易產石都要提前送到儲秀宮給懿嬪過目。到了三月十九日，儲秀宮門口掛上了辟邪的大刀，萬事俱備，只等懿嬪生產了。

此時的慈禧已然紅透半邊天，皇帝喜歡她喜歡得要死，何況她的肚子也很爭氣，生了個寶貝兒子。咸豐皇帝高興得不得了，大手一揮，慈禧就如騰雲駕霧般直接從懿嬪變成了懿貴妃，眞是羨煞後宮諸人啊。不得不說，這就是母憑子貴的典型案例。

不過，像慈禧這樣有野心的人，可不單單只想靠生兒子達到如此低檔次的目的。母憑子貴對她來說，眞正的目的是盼望自己的兒子能當上皇帝！畢竟，自己這麼年輕，皇帝又不是不死的神仙，所以必須趕在年輕時爲自己的將來好好謀劃。而今，兒子在手，已經邁出了通向成功的最重要的一步，剩下的事情，就看如何把自己的兒子經營成皇位繼承人了。

很快地，慈禧就發現，這個問題根本無須擔心，因爲她所生下的這個兒子，也是咸豐皇帝唯一的兒子，在皇嗣凋敝的晚清，她可謂撿了一個大便宜。

不要覺得咸豐皇帝就這麼一個兒子，指定立爲太子這事就安了。雖然歷朝歷代都免不了把太子叫得呱呱響，無數女人打不著皇帝的主意，就轉而打太子的主意，總之是要努力用青春搏富貴。但在清朝卻不是那麼回事兒。

本來皇帝立太子也是正常的事情，要嘛立嫡子，要嘛立長子，這是千百年來的規矩，非嫡非長的皇子，就安安分分待著，只要不鬧騰，還是可以富貴到老的。可是，偏就有人喜歡鬧騰。比如康熙朝的那些不甘寂寞的阿哥。

從努爾哈赤開始，清朝的君主就沒有立嫡或立長的情況了，努爾哈赤原本想傳位給多爾袞，但那全憑的是自己的喜好。雖然最後是皇太極接下了這接力棒，但皇太極也非嫡非長。到了順治，這個皇帝當得叫一個不可思議，陰差陽錯，而且他也不是皇太極指定的繼承人，因爲皇太極老先生是突然死亡，根本也沒來得及交代後事。順治死前，留下遺詔傳位給愛新覺羅．玄燁，也就是康熙皇帝。順治傳位的依據，也是他覺得這個兒子特別聰明罷了。

唯有康熙皇帝，早早地立了個太子，當然做這件事情的時候，他也有無奈的成分在裡面。與他感情甚篤的皇后赫舍里紅顏薄命，在生第一個孩子時遇上難產，躺在床上捨不得閉眼睛，康熙又著急又傷心，立刻下令封赫舍里的兒子爲太子，這位年輕的皇后才滿意地撒手而去。

可是康熙皇帝多情，身體又比較健康，因此後來的日子裡，他又得了很多位皇子。俗話說「龍生九種，各有不同」，這些皇子各有各的心思，再加上太子本身也是資質平庸，情商欠缺，無法服眾，惹得別人覬覦起了他的位子。

康熙雖然是位百年難遇的傑出君主，但在管理兒子方面卻不那麼理想，估計也是精力不足的原因吧。九王奪嫡這種事情到現在是爲人津津樂道，但當時的經歷者想來就不會那麼輕鬆了。於是，到了雍正朝，出現了祕密建儲制度。

雖然「母憑子貴」與「子憑母貴」是相輔相成的關係，但在清朝，你在後宮的地位再高，和你的兒子是否能當上皇位繼承人並沒有直接關係。因此，兒子靠你是靠不住的，只能是你完全地依靠他來步步高升。反正，只要不犯什麼大錯誤，只要生了個孩子，得個封號或者升點位分加點獎金的事情，還是有的。

等阿哥們成年後，誰越有本事，誰的母妃就越能跟著享福或地位高漲。電視劇裡，那些阿哥聚在一起，比賽射箭騎馬的場面在清朝後宮裡可是常見。這個時候，他們的母親都暗暗捏一把冷汗。要知道誰表現得厲害，皇帝可都看在眼裡啊！而且，皇帝喜歡誰，誰的名字就有可能出現在那個藏在養心殿立柱背後的儲君名冊上！

所以，簡單地說，想母憑子貴就是生兒趁早，養兒養賢！

越級晉封

喜歡清宮劇的姑娘們相信不會放過《後宮甄嬛傳》。大家還記得劇裡有這樣的場景嗎？甄嬛剛學宮中禮儀時，芳若姑姑說：「祖制宮女晉封是要一級一級來的，不能越級晉封。」由此可見，在後宮越級晉封可是要亂了規矩的。

正所謂，國有國法，家有家規。亂了規矩這可是萬萬不能的事情。這時，可能又有人疑惑，在劇中，甄嬛最開始的位分是常在，後來晉封爲貴人。可爲什麼皇后卻說甄嬛是越級晉封呢？潛心修煉本書的人肯定知道，常在之上的一個等級就是貴人，何來越級之說？其實，這裡所謂的越級是說甄嬛還沒侍寢就被封爲貴人，是壞了規矩。看到這裡，估計你會說：「天哪，這也太嚴格了吧！」沒錯，後宮有後宮的規矩。不懂遊戲規則的人，隨時踩雷離場。

在清朝歷史上，還有一個明明可以越級卻又礙於規則不能越級的典型例子。看過《還珠格格》的人估計都知道裡面有個歹毒的皇后。其實，她的原型就是乾隆皇帝的第二個皇后——輝發那拉氏，她比乾隆小七歲，起初被封為側室福晉，緊接著是封嫻妃、嫻貴妃。

乾隆十三年，孝賢純皇后崩逝，中宮皇后的位子出現空缺。當時，皇太后對於後宮有無皇后之事非常關心，便親自指定嫻貴妃輝發那拉氏為繼后。為把這件事情辦好，皇太后還特地給乾隆下一道懿旨：「皇后母儀天下，猶天地之相成，日月之繼照。皇帝春秋鼎盛，內治需人。嫻貴妃那拉氏，係皇考向日所賜側室妃，人亦端莊惠下。應效法聖祖成規，即以嫻貴妃那拉氏繼體坤寧，予心乃慰。即皇帝心有不忍，亦應於皇帝四十歲大慶之先，時已過二十七月之期矣，舉行吉禮，佳兒佳婦，行禮慈寧，始愜予懷也。」

皇太后的意思是讓嫻貴妃當皇后，統領後宮，可這就是越級晉封啊！怎麼辦？乾隆不敢違背皇太后的旨意，又怕被朝中大臣抓住自己亂了後宮規矩的把柄，思前顧後才做了一個折中的辦法。他將嫻貴妃晉升爲皇貴妃，代行皇后之職，管理後宮事務，稱「攝六宮事」。這樣就不違背越級之說了。何況，貴妃只是代理皇后的職務，又不是眞正的皇后，這就在不亂了規矩的前提下，順從了皇太后的意見。

當然，嫻貴妃有皇太后撐腰，名正言順晉升是遲早的事情。二十七個月過去，乾隆就爲嫻貴妃舉行冊封皇后的典禮了。從此，輝發那拉氏登上了皇后寶座，這年她三十三歲。看吧，有大人物撐腰的人也不能越級晉升，由此可見後宮的規矩多嚴格。

這時，你也許會感嘆：那我穿越到清朝，想短時間內成爲後宮的主人不是沒希望了？我是不是還要勤勤懇懇、一步一步耕耘才能爬到最高點啊！這該浪費我多少的青春年華呢？

事情不是絕對的，規矩是人定的，最終的解釋權自然在掌握最高權力的人手裡。在同治皇帝統治年間，就有個後宮妃子越級晉封的例子。這個人就是富察氏，她由慧妃越級晉封為皇貴妃，為淑慎皇貴妃。你估計會想這個女人肯定備受皇帝的喜愛，所以能越級晉封吧！但令人吃驚的是，讓這個女人越級晉封的人竟然也是個女人。這個女人就是曾讓清朝後宮不少人聞風喪膽的老佛爺。

先說下淑慎皇貴妃，她是富察氏，滿洲鑲黃旗人，選入宮時還不足十三歲。她外表俏麗清秀，善體人意，但是為人心胸狹窄，心機極深。由於富察氏嘴甜，特別懂得奉承慈禧太后，因此深得她的喜愛。

此時，還有一名秀女叫阿魯特氏，是翰林院侍講崇綺之女，比同治帝大兩歲，是名門閨秀，卻深得另一宮太后的喜愛。

於是，選哪位秀女做為皇后的儲備人選，東西宮太后產生了意見分歧，最後決定聽從皇帝的意見。那這時，皇帝會如何選擇呢？先說明一下同治皇帝跟東西宮太后的關係。

同治皇帝是慈禧太后的親生兒子，但是對慈禧把持朝政的做法十分厭惡。而慈禧是個視權如命的人，愛權勢多過愛自己的兒子，所以遲遲不肯交出大權。因此，兩人的母子情非常淡薄。而慈安太后忠厚慈祥，對同治皇帝視爲己出，關懷備至，因此深受同治帝和光緒帝的愛戴和尊重。於是，選后時，同治帝遵照慈安太后的意願，選了阿魯特氏。慈禧自然十分惱火，爲了跟同治帝唱反調，慈禧把富察氏封爲慧妃，享受貴妃待遇。兩年多以後，富察氏由妃直接晉封爲皇貴妃，連升兩級。同治帝剛死半個月，慈禧冊封富察氏爲敦宜皇貴妃。在慈禧六十大壽之前，慈禧又冊封她爲敦宜榮慶皇貴妃。這在整個清朝史上，皇貴妃得到四個字的封號可只有這麼一例。由此可見，在後宮，得到皇上的恩寵並非通往康莊大道的唯一途徑，籠絡皇太后也不失爲一個妙招。

所以，如果你眞的穿越到清朝後宮，還能越級晉封，成爲清朝史上稀有的例子，那麼我絕對會撒花，跟你說聲恭喜恭喜！

冊封步驟

成功晉級了，接下來就是走冊封流程了。會是什麼樣的流程呢？好緊張啊，會不會跟走星光大道一樣啊？先別急，不同級別的位置冊封步驟不一樣。我們先看下清朝後宮是如何冊封妃嬪的。

自崇德（皇太極的第二個年號，一六三六至一六四三）初元始，皇上的妃子們是同日受封的。冊封當日，妃子們等率領公主、福晉，到皇帝跟前進行六肅三跪三拜之禮。那麼什麼是「六肅三跪三拜」呢？穿越過來的人要好好學一下，免得冊封之日頻出馬腳。所謂「六肅三跪三拜」，就是跪三次，叩頭拜三次。

也許你覺得這個步驟很麻煩，甚至感嘆：天哪，當皇上的妃子竟然這麼麻煩！事實上，真正的大麻煩還在後頭。

清朝要冊封皇貴妃時，必須先由禮部和工部先期將制好的冊子和寶璽送交內閣。到了舉行冊封儀式的時候，禮部再向內閣奏請，並命大學士和尙書來充當冊封使，侍郎和學士當副使。而這些人必須提前一天到達太廟後殿、奉先殿。

繁複的程式處理完畢之後，就要進行冊封了。冊封這天，天還沒亮就有很多人要忙了。鑾儀衛官在內閣門外設采亭，內閣、禮部官員先將冊封用的冊文、寶文等物品放於亭內。緊接著，用傘仗做爲前導，禮部官員在前面引路，鑾儀衛將亭抬到太和殿下，再由禮部官員將這些物品陳設在殿內各桌子上。

好了，終於天亮了，大學士一人身著朝服站在東面，正副冊封使身著朝服站在臺階上空地的東邊。這時，會有個欽天監官，像電視劇裡的情景，扯著嗓子說：「吉時已到！」

聲音剛落，正副使就由東面跪到左北面。大學士從案上拿起冊封的冊子，由殿中門走出去，拿給正使。正使拿到冊子後，就會同副使站在一起。這時，內閣、禮部官再將冊文、寶文重置亭內，導引鑾儀衛抬至皇貴妃之宮。

東西終於抵達貴妃的宮裡了。別急，還有必須要注意的事情，畢竟皇貴妃不是這麼好當的。在冊封之日，內鑾儀衛也要先在貴妃宮門外設皇貴妃儀仗，要把節案、香案放在宮內，正中和東西方分置冊案和寶案。話說，正副使接受使命後，就由協和門至景運門外，正使站在門西面，將冊子交給內監。內監手捧冊子，內鑾儀衛校尉抬冊、寶亭至宮門，再由內監將冊、寶隨節捧至皇貴妃宮。

這時，皇貴妃就應該身著禮服於宮門內道右邊準備迎接。內監將冊封貴妃的用品陳設於宮內各桌子上後退出。接著，引禮女官引皇貴妃在拜位北面跪，並宣讀冊文、寶文。皇貴妃接到冊封的冊子和寶璽後，就進行六肅三跪三拜禮。

禮畢，內監再捧著冊子等物品出宮，皇貴妃在引禮女官導引下，送內監到宮門內道右。內監在景運門將物品重新交到正使手裡。正使就持著冊子等物品前行，副使緊跟其後到後左門覆命、還節。至此，各有關人員就必須退場了，冊封皇貴妃的儀式也結束了。

哇，終於可以鬆一口氣了，撒花撒花！如果這個時候高興，那未免也高興得太早了。第二天，皇貴妃還要親自到皇太后宮行六肅三跪三拜禮，然後再分別到皇帝、皇后面前行禮。

怎麼樣？讀到這裡，是不是也覺得後宮的女人確實不好當啊！是不是想對皇帝說，不要這麼麻煩啦，直接發封 E-mail 給我就行啊！

第 玖 章

潛規則這種東西，從來沒有消失過

當規則需要被「潛」時，自然就演變成了一種眞實的遊戲，如此風靡的遊戲，也自然備受紫禁城後宮佳麗的垂青及追捧。後宮從不欠缺規則，更別說是「潛規則」了，這些明裡暗裡的規則，早已被後宮佳麗們熟稔於心，把玩於股掌之間，與今天的職場「潛規則」，娛樂圈「潛規則」相比，當眞是有過之而無不及。

可愛的後宮佳麗們，刻苦鑽研各種「潛規則」課程，虛心請教，廢寢忘食地學習，時刻準備著當規則遇上自己，不是被規則「潛」了，就是自己「潛」了規則。總算將「潛規則」在紫禁城發揚光大，上演了一幕幕規則大片。

背景問題

「一人得道雞犬升天」總是容易被我們這些一沒權勢，二沒背景的人恨得咬牙切齒，你看那唐明皇寵冠後宮的楊貴妃，她一眉飛色舞，她的父親，她的哥哥，還有她的各種關係深、關係淺的親朋好友，有幾個沒有沾到點好處呢？再看看大清，歷朝皇后也就不再細細地數一次了，可到了這一步，你我他大家都心知肚明，皇后的人選往往不是由皇帝自己說了算，太后，加上近支王公大臣需要提前合計好久，挑年齡挑相貌，最重要的是要選定一個背景可靠的女子，她的父親或伯父或叔父之類的，要嘛位高權重，要嘛對皇帝忠心耿耿，有能力有魄力，在職場上能夠發揮關鍵作用，而且還得和皇家沾親帶故，這麼苛刻的條件限制，幾輪篩選下來，人選也不剩幾個了。

挑到皇太后基本滿意，就要開始讓皇帝滿意了。不過這個世界上往往沒有那麼巧合的事情，婆婆中意的媳婦，兒子一般不中意。而兒子喜歡的女子，婆婆往往挑三揀四，吹毛求疵，雞蛋裡挑骨頭，反正不會百分之百地稱心如意。

皇家無私事，爲皇帝挑選皇后，那就是爲天下挑選國母，由著皇帝的喜好來辦事是不大行得通的，何況皇帝大婚的時候年齡都還小，也就十多歲，哪裡又能縱觀全域地去考慮妻子人選呢？於是，情況就會變成，在選秀之前，太后以及王公大臣們輪番地給皇帝做思想教育，這還不能明著做，非得拐彎抹角地說，最後得讓皇帝自己認下這件事情，還得表現出歡欣雀躍的樣子。如此看來，當皇帝也挺不容易的。

別的不說，光看看大清開國第一位皇帝順治就知道了。順治皇帝六歲登基，仰仗著多爾袞的運籌帷幄和母親孝莊太后的韜光養晦，終於坐穩了皇位。可是在選老婆這件事情上，他照樣做不得主。多爾袞早就為他選定了蒙古科爾沁卓禮克圖親王吳克善的女兒為皇后，這位博爾濟吉特氏，是孝莊太后的親侄女，不但是皇親，而且是很近的皇親，這根本就是近親通婚。

順治皇帝內心當然不歡喜，不要說他內心早已有所屬，極端厭惡母親和多爾袞之間曖昧之情的他，又怎麼能坦然接受這「狼狽為奸」的一對強塞給他的妻子呢？於是順治一直藉故拖延大婚的日子，哪怕到最後不得不認了博爾濟吉特氏，可一直冷落對方，最後還找了個藉口將其廢掉，降為妃子。你想想，這對於一個皇后來說，是多麼大的恥辱！

可是順治皇帝也不安樂，他心心念念想要扶正的董鄂妃，卻是千百個入不得孝莊太后的眼。廢掉了一個侄女，孝莊還有別的侄女，再找一個來頂替上就是了，於是，表妹取代了表姊的位置成爲孝惠章皇后，開啓了另一段令人扼腕的宮廷悲劇。

要是你，做何感想？

董鄂妃短命，生個兒子也只活三個多月，雖然有了順治的千恩萬寵，但在後宮之中，專寵根本不是什麼好事，當然也沒能爲她摶來更幸福的後半生。她一死，順治萬念俱灰，哭著喊著要去當和尚，把好不容易穩定下來的江山交到了年僅八歲的愛新覺羅．玄燁手裡，這可眞是急壞了孝莊太后。

細細碎碎亂了好幾個月，總算塵埃落定，但從整個過程來看，誰也不開心，誰也沒賺到。先說說這兩任皇后，雖然都是有背景的人，靠著孝莊太后這位老祖宗，原以爲可以萬人之上，榮華富貴了。可身爲一個女人，丈夫對自己厭惡至極，甚至連看一眼都不願意，光靠著「地位」，內心是要有多強大，才能因此而幸福呢？

表妹博爾濟吉特氏生性驕縱，皇帝較少搭理她，她就哭著喊著到孝莊面前告狀，時不時還提一提自己父親的功勞，提一提孝莊不得不仰仗和忌諱的蒙古背景，這可真是爲自己挖坑啊。因此當順治因爲「與朕志意不和」而將其降爲靜妃的時候，孝莊並沒有過多阻攔，睜隻眼閉隻眼，就看著自己這不聽話的侄女等同入冷宮去了。

事實證明，在後宮中，有背景只能保證你站得有多高，但至於能不能站穩，能不能經營到終老，還得看你個人的悟性，光是一個「富爸爸」，或者某某「乾爹」，未必能保你萬世太平。

相較起來，順治的第二位皇后就要顯得聰明些，她是孝莊太后的侄孫女，也有深厚的背景，同樣也不得順治皇帝喜歡。但她性子柔和，尤其能忍，對於丈夫的無禮冷遇，她從未抱怨過，即便順治皇帝總想找藉口廢了她，把董鄂妃扶上位，但也苦於找不到一個合適的廢后理由，只得由著她孤獨，由著她母儀天下。

順治做爲大清的開國皇帝，在對待皇后這件事情上，也實在沒給後代子孫當上好榜樣。他兒子康熙就要懂事得多。雖然康熙皇帝的第一位皇后赫舍里氏（輔政大臣之首索尼的孫女），也是因爲太皇太后要籠絡索尼而刻意塞給他的，但他並沒有他老爸那麼叛逆，雖然政治婚姻有些彆扭，但還是該做什麼做什麼，沒有太讓赫舍里氏難堪，後來二人竟慢慢培養出了深厚的感情，以至於赫舍里氏早亡的時候，康熙如此悲痛欲絕。

當然，一個巴掌是拍不響的，光說康熙明大理顧大局也不公平，赫舍里氏也不是省油的燈（這裡說的是褒義）。這個女子自小受到良好教育，知書達理，且嫻靜溫柔，說白了，她也是透過自己的努力贏得老公的愛的。比起那些個只會靠著背景鬧情緒的皇后，赫舍里氏算是很有智慧的了。

以上這些皇后的經歷說明一個道理，就算老爸有背景，也不會無所不能，背景問題雖然很重要，但做人問題更重要，在這個紫禁城中，顯赫的背景只能成爲站在高起點的墊腳石，但無法保證能站穩到最後，如若不小心跌了下來，大家都知道，站得越高，跌得越重啊。

皇后的背景是沒得說，畢竟是一國之母，怎麼也不能是窮鄉僻壤的小戶人家，要注意教養和形象問題。因此定奪皇后人選的過程要複雜一些。然而皇后只有一個，剩下的諸多位置也是需要人去填的。這時，又輪到皇帝糾結了，有的女子不得不重視，比如功臣之後，或者位高權重的大臣之後，他們在不同程度掌控著朝廷的命脈，如果不給他們點好處，讓他們寬心，誰能保證他們的忠誠？何況這也是一個相互制約的過程，你捏著我天下的幾個經脈，我就抓著你的女兒，這就是所謂「前朝後宮相互牽連，牽一髮而動全身」。

當然，這些「關鍵」的女子皇帝未必喜歡，可聰明的皇帝就知道，有她一個不嫌多，好好養著就是了，何必計較喜歡不喜歡，要是把祖宗留下的基業弄垮了，再喜歡的女子也保不住。

其他的女子，情況就比較複雜了。在大清，後宮嬪妃可謂最不講究背景的朝代（當然是相比較），因為完善的選秀制度，使得除了純粹的漢人之外的女子，都有機會報名參加選秀活動，而且不報名還不行。這也就注定了會有很多家世並不顯赫的女子充實宮掖，她們只要長得周正，且入得皇帝眼就行，背景什麼的，大概從來就不是她們能夠考慮的問題。

但也有一些沒背景的人，出其不意地踩倒了很多有背景的人，這種事情雖然不多，可也足以讓那些無權無勢的女子看到希望。

比如乾隆皇帝的生母就是一個很好的例子。相傳這位老太太年輕的時候，不過是雍親王府的一個格格罷了，沒什麼地位，也沒被雍親王看上眼，原本屬於伺候主子終老的命。可是有一年，雍親王生了一場大病，福晉、側福晉們都擔心被傳染，除探視之餘，並未用心照料。唯有這一位，似乎根本不知道這是傳染病一樣，衣不解帶地在雍親王病床前照顧著，直到雍親王挺了過來。

所謂患難見真情，雍親王也不是鐵石心腸的人，面前這個女子即便沒有花容月貌，但有著一顆善良的心，於是便將其收入房中做妾。不久之後，這個小妾便給雍親王生了個兒子，得名愛新覺羅．弘曆。

後面的故事，相信你已經猜到了，這位毫無背景的丫頭就這樣跟著雍親王住進了紫禁城，封妃賞金，過得逍遙自在。一來因爲她本就有著與世無爭的性格，二來因爲雍正的后妃著實不多，所以勾心鬥角的事情基本沒發生在她身上。再後來，她的兒子當上了皇帝，她也就跟著成了皇太后，頤養天年，活到了八十多歲。眞是「人間有眞情，人間有眞愛」的活版本啊。由此看來，拚背景、拚權勢、拚智商、拚狠勁，也並不是後宮中永恆的主題，每一個皇帝身邊，都有這麼一兩個心地善良的女子，如若說和其他女人鬥，她們未必能鬥得過誰。但她們卻能用自己的眞善美贏得皇帝的尊敬。即便不是愛，一份尊敬，也能讓她們在後宮穩穩地站住，保半世太平。

所以，即便你眞的沒有半分背景，也不要怨天尤人，恨你爹爹沒本事。入得這宮裡，本事全憑自己修煉，沒背景的人也可以活得很好，關鍵看你如何走腳下的路了。

賄賂收買

「今天的拚命努力，是爲了明天不讓人有機會拿錢砸到你妥協！」這如此勵志的話是有著多麼反腐倡廉的味道在其中啊。可是在後宮之中，很多人的很多努力，都是爲了能夠拿錢砸到別人妥協，當然那都是有用的人。就像勵志大師所說的話，一個人的成功百分之二十來自能力，百分之八十來自人脈，這句話放到大清後宮中也是一樣。但凡能夠步步高升平步青雲的人，絕對不可能光靠自己，她們必須用不同的手段，利用不同的人，爲自己鋪就一條光明大道。

先說說最大的榜樣孝莊太后吧。她從一個草原上不諳世事的單純姑娘，最後成爲大清的國母，輔佐康熙帝將整個大清王朝發展壯大，這樣的成就除了她自身就是一個智慧的女子之外，與旁人的幫助和支持是分不開的。

首先，她有一個非常貼心的近身侍婢蘇麻喇姑。這位姑娘也不是個簡單的角色，冰雪聰明且非常忠心。很多孝莊不方便出面去做的事情，全是由蘇麻喇姑來操持，而且，她很懂得主子的心意，即便主子一句話都不說，彼此也能心照不宣。何況，孝莊很多不爲人知的祕密，很多無法言語的心酸，也只有蘇麻喇姑一個人能體會。當然，如此忠誠的蘇麻喇姑，是不需要找到弱點賄賂收買的，她是知己，亦是死士。

其次，就是順治的「皇父攝政王」多爾袞。孝莊深知，多爾袞擁護福臨當皇帝，那是不得已的選擇，否則很可能與豪格兵戎相見。但彼時的多爾袞已經是戰功赫赫的親王了，怎麼可能臣服於一個六歲的毛孩子呢？不行，還是得孝莊這個當媽的出面來維持局面。

但想要多爾袞心甘情願地輔佐順治皇帝，就得給他點好處。他最想要的皇位，孝莊是給不了他了，那第二想要的呢？多爾袞與孝莊年齡相仿，當年原本也是有情人，卻被皇太極橫插一杠子。而今皇太極已死，按照滿族舊習，嫂嫂下嫁小叔子也是情理之中的。雖然在歷史上，孝莊究竟有沒有嫁給多爾袞始終是一樁懸案，但二人之間有一些你來我往的親密關係，這也是不可否認的。孝莊控制著多爾袞的心，令其不得不對順治施以教導和忠誠，才保住了順治，直到其親政。

可惜順治並不喜歡這個皇位，年紀輕輕就告別人世，又把一個國家的攤子扔回了母親孝莊太后的手中。孝莊只能接著輔佐康熙。隨著時間的推移，順治指定的四個顧命大臣各自的心思就慢慢暴露出來了，他們分成幾派相互拉扯著，不管最終倒向哪一邊，對皇帝都是不利的。無奈，孝莊又出手了，她這次把目光放在了老臣索尼身上。她知道索尼在朝中的勢力，也知道索尼想要保持中立，哪邊都不得罪。爲了把索尼拉到絕對支持皇帝的這一邊來，孝莊找準了索尼的「缺口」，一舉拿下了這個老狐狸。這個缺口就是，將索尼最疼愛的孫女赫舍里氏指定爲皇后。

當然，你可能會說，不是每個人都有機會站在孝莊那樣的高度，用自己的權勢去達到目的。她是舞弄政治的人，而後宮中的普羅大衆，也只是爲了爭點寵愛罷了。可是你要知道，後宮政治也是政治，大人物有大人物做事的方法，小人物有小人物做事的目的。這就像石油大王要掙錢，街邊賣炸糕的小販也要掙錢是一樣的道理。

想明白了的話，咱們就一起看看，在後宮中生存，有哪些人是能夠幫助你，也需要想辦法掌控的。實際上，不外乎就是那些長期接觸到的人。

第一類，你的身邊人。這些人包括宮女和太監。如果你母家的地位比較高，那麼當年入宮的時候，你可能就有資格隨身帶一個奴婢，就是所謂的陪嫁丫頭。這樣事情就好辦了，大部分人的陪嫁丫頭都是忠心耿耿的，像《後宮甄嬛傳》中，甄嬛帶親妹妹浣碧入宮的除外，這親姊妹之間待遇懸殊，就太容易讓人心理不平衡了。

可是貼身侍婢畢竟就一個人，剩下的那些宮女、太監都是進宮以後才新分配的，他們有的可能是剛進宮的小嘍囉，有的則可能是有了幾年工作經驗的。重要的是，你和他們都不熟，他們俯首貼耳地伺候你，這是出於工作需要，但你無法看清他們的心是否眞的忠誠於你。你看諸多宮鬥事件中，嬪妃被出賣或被戕害，不都是因爲身邊的人被對手收買了嗎？

怎麼辦？你當然只有想辦法抓住他們的心了。最簡單粗暴的，就是用殺伐決斷的魄力，殺雞儆猴，讓大家都因爲怕你而忠誠於你。可是高壓之下必有反抗，人家表面上服你，內心可能未必服你。要是再受了點委屈，很可能就被其他人「安慰」去了，成爲埋在身邊的隱患。

對於這些日日伺候在身邊的人，最好的辦法莫過於以德服人了。下人在宮裡是最沒有地位，也是活得最可憐的一個群體，如果能夠把他們當人看，對待他們的態度好一些，首先就在情感上籠絡了他們。平日裡有些什麼賞賜，小恩小惠的打賞一點，也算是關懷下人，他們自然會對你忠心耿耿。

當然，在爾虞我詐的後宮之中，任何事情都不能掉以輕心，適當的防備還是應該有的。

第二類，給你把脈開藥的人，也就是太醫院的那些醫生。自古後宮命案中，很少有能夠與太醫脫離關係的，他們畢竟是能夠掌握人之生死的「本事人」，可以把人醫活，當然也可以殺人於無形。

掌握這一類人，並不是讓你蓄意地去謀害某人。但在醫院裡面有點關係是非常必要的。一來，醫生給你看病能夠盡心一些；二來，他們也可以幫助你鑒別是否有人想要謀害你。尤其是在懷孕期間，太醫的作用就更重要了，總有人會擔心你腹中胎兒危及她們的地位，總有人不希望你順利產子，飛黃騰達。她們可能會透過各種手段來傷害你，讓你防不勝防。比如電視劇裡常演的，在你的補藥裡面下點慢性毒藥之類。

雖然太醫給皇帝以及妃嬪們看病抓藥都有非常嚴格的流程，所有病情、藥方都一一記錄在案，煎藥的時候需兩個及其以上的人同時在場，而且藥要煎雙份，太醫院的人和近侍太監嘗過一份之後，才能把另一份送到皇帝或者嬪妃手中。但再嚴密的規矩都會出現漏洞，這其中只要同時買通兩個人，就可以神不知鬼不覺地改變你的藥，還能神不知鬼不覺地把藥渣又變成正常的去備案。

宮廷之中，非法手段可謂千奇百怪，但利用藥理來害人，是最爲簡單直接，也是最容易掩藏的。可並非每個人都懂些醫理醫術，要是身邊有一個靠得住又懂醫的人，事情就會順利很多。所以，收買一個醫生是非常必要的。

但這類人和你的近侍不同。由於清代的太醫院日漸發展壯大，上班的時間和制度也日趨嚴格，因此想收買其中某一個人，還是需要些時日的。爲什麼這麼說呢？

先看看太醫院的輪班制度吧。在宮裡沒有妃嬪懷孕，也沒有誰得了重大疾病的時候，一般由院使和院判帶領自己手下所屬的醫官，根據各自所在的科室分組值班，次序隨時有變更，二十四小時恭候傳喚，清廷叫作「侍直」。這其中又分爲「宮值」，也就是在宮內的值班人員；以及「六值」，就是外廷值班人員。在恭候傳喚的同時，對於嬪及其以上的主子，還要定期檢查身體，當然這檢查人員也是不固定的，目的有二：其一，保證對各位主子進行全方位的健康狀況的檢查和監控；其二，防止固定的太醫（男人）和妃嬪接觸時間長了，給皇帝扣上頂綠帽子。

當然，這只是平時的輪班制度，如果哪位主子身體不舒服了，可以隨時差人去請太醫來爲其診治。請呢，只能請在宮值崗位上的太醫。

照這些制度看，要是想收買太醫，首先得混到個嬪位，有了定期檢查的待遇，才能根據情況判斷哪位太醫與你更有默契，更適合培養成爲「死黨」。選定目標之後，先不要急著下手，應該差身邊信得過的人多方打聽這位太醫的所有情況，所謂知己知彼嘛。

接下來就可以找時間裝病了。找準這位太醫值班的日期，就言身體不適傳太醫過來診病。

你可能會害怕了。明明沒病，裝給外行人看還行，這太醫一來，不就露餡兒了嗎？關於這個問題，大可不必擔心。太醫們雖然也算得上是宮裡的公務員，但終究你是主子，他是奴才，主子說自己有病，奴才就沒有敢反駁的。反正你要說頭暈心慌也不是什麼大病，太醫診斷後即便覺得你沒病，還是得開出方子，要嘛消夏解暑，要嘛保暖禦寒，總之不會揭穿你就是了。

也許你還會擔心：「我要是總哼哼著有病傳喚太醫，會不會讓人懷疑啊？」這點也不用擔心。放眼望去，這些後宮嬪妃，哪個不是養尊處優，吃是吃最好的，運動是運動最少的，營養過剩搞得身體不舒服的事情每天都在發生，因此大可光明正大地去傳喚，不用畏首畏尾戰戰兢兢。

但對於這些太醫，並不是一點懷柔政策就能搞定的。雖然他們也經常遭到主子的責罵，毫無尊嚴可言，但他們畢竟還不是你身邊的人，而且他們有機會接觸到各宮主子，一點小小的「感情牌」，未必能打動他們。要給，還是得給點實在的。這值錢的東西自然要打賞，還得揀那些目標不明顯的值錢貨去賞。你說要是賞人家幾匹珍貴的緞子帶回家讓夫人歡心，也得人家敢光明正大地從你這兒拿出去啊。

除了打賞，抓住對方的軟肋，也是讓一個人爲自己辦事的好辦法，雖然看起來有些不入流，但這也是沒辦法的辦法，爾虞我詐的世界，你夠狠才能生存。不過軟肋在手，也要懂得運用，要是步步緊逼，很可能逼得對方狗急跳牆。恩威並施，才是駕馭人的經典招數。

第三類人，他們同時也是宮中的第三類人，那就是太監了。在這後宮中，雖然太監數衆且特點相同，但他們也是分三六九等的。伺候在你身邊的自然不用說，還有那些辦皇差的，那些打點宮中各項事宜的，這些公公雖然命苦卑賤，但有的卻能隻手遮天，風光起來，比你一個小小的妃嬪還要強。因此，賄賂上一兩個大紅大紫的公公，對你而言是有益無害的。至於爲什麼要關注這一類人，我們接下來細細說。

太監的特殊性

還記得那個「指鹿爲馬」的故事嗎？

老太監趙高輔佐秦二世治國，卻整天只想著如何蒙蔽皇帝，自己掌握大權。一切都如他的意，胡亥對他言聽計從，整天躲在偌大的宮殿中花天酒地不願見朝臣，把整個江山丟給了趙高這個沒讀過多少書且心胸狹窄、心性極端的閹人去打理。為了向胡亥證明皇帝是什麼都能說了算，高高在上的人，他特意演了一齣好戲。

趙高令人在殿堂中放了一頭鹿，然後讓朝臣們告訴陛下這是什麼動物。此時的趙高一手遮天，人人看著他的臉色行事，都不敢妄言。這時一個炮灰站出來說，這是鹿。趙高立刻尖著嗓子叫道：「這怎麼會是鹿呢？明明就是一匹馬！」

一時間，整個殿堂都有些錯愕，連胡亥臉上的表情都掛不住了，拚命忍著笑，小聲對趙高嘀咕，「你怎麼能瞎說呢？」

趙高不理會，沉默地看著大臣們，幾分鐘之後，大家齊聲答道，「這就是一匹馬。」胡亥震驚之餘，也感到前所未有的滿足，原來所有人是這麼臣服於自己的啊，於是更加放心地荒廢朝政，縱情享樂去了。

指鹿爲馬固然荒謬，胡亥也是昏君一個，但還是這個趙高的問題。在那麼多年前，身爲在宮中伺候的特殊人群，就已經本末倒置地來主宰天下禍國殃民了。然而在後來的朝代中，君王們或許意識到這類人的危險性，卻不得不繼續使用這類人。因爲在後宮之中，這類人是不可或缺的。後宮乃皇帝的家，皇帝乃天下之主，天下之主的「後花園」中，豈容他人酣睡？後宮裡只能有皇帝這唯一的一個男人！

要是太監不是太監，而是正常的男人，那皇帝的後宮佳麗三千，空閒的有多少，深宮寂寞的有多少，這乾柴烈火一點就燃，皇帝頭上的綠帽子恐怕都能將他壓死！

因此，太監是必然要存在的，想在宮裡幹活，就必須先自宮，這是規矩。而皇帝們也很自信，認爲可以掌握這群人的一切，既可以控制他們的心性，又可以讓他們爲己所用。因爲「沒有根」的人奴性重嘛。

可偏偏就是這些奴性重的人，一而再，再而三地挑戰國家權威。

我們都知道，大清王朝是建立在推翻明朝統治的基礎上的，也就是說，開創大清的祖宗們，那叫一個眼睜睜且推波助瀾地看著明朝毀滅的。因此，不管是皇太極，還是他的兒子順治，都對明朝滅亡因素之一——誤國的宦官諱莫如深。

順治十三年（一六五六），明確廢除了明代的宦官機構，改設其他機構來爲國家辦事，並且將宦官人數裁撤到九千人（明朝近十萬人）。康熙十六年（一六七七），又廢除了宦官專屬衙門，指定內務府爲總管宮廷事務的機構。自此，曾經在大明王朝隻手遮天的宦官們走下了歷史舞臺，成爲清朝後宮中低人一等、命如草芥的一群人。

在順治朝，交泰殿、內務府和愼刑司三處的大門口，都立著一塊由順治皇帝親自頒詔的鐵牌，大致意思是：在宮廷中奴役使喚宦官，雖然是自古不變的規矩，但凡事應該有個度，任用失當，就可能引發禍端。明朝的劉瑾、魏忠賢等人，就是活生生的例子，他們亂政干權，把持廠衛，枉殺無辜，且出使邊疆，手握兵權，陰謀叛亂，結黨營私，陷害忠臣。最終導致政權覆滅。這一切都值得我們深刻地思考和警醒。今特決定裁減宦官人數，且嚴禁宦官干預朝政，竊取權力，貪贓受賄，結交外廷官員，越職奏事，私下議論官吏是否賢良。更不准擅自離開京城，參與軍事。若有敢違抗此令的，立即凌遲處死，絕不姑息。特立此鐵板，令世代遵守。

可以說，此塊鐵牌上規定的紀律非常嚴明，也足見咱們的順治爺是恨透了那些不男不女，心理變態，還自以爲是的「閹人」。順治的這一思想深深影響了他後來的幾代人，康熙、雍正、乾隆，這幾位皇帝都嚴格遵守順治爺留下來的規定，不給宦官放權，而且宦官犯錯，懲罰是非常嚴厲的。

倘若你身在這幾個朝代中的任何一個，都不會有機會見到所謂宦官隻手遮天是怎樣一個可怕的情景。但歷來上有政策下有對策，這幾個朝代的太監雖沒趕上「好時候」，但在一定的圈子裡，依然是一股不可小覷的力量。

前面說過，首先這敬事房的太監就能夠運用自己手中的權力來「欺壓」你。

若是別的嬪妃打賞了，而你從來不打賞，甚至說話的態度不好，人家就能拿著你的綠頭牌子做文章，讓你很長時間都見不到皇帝。但這種事情你也無處申冤哪，皇帝治理朝政的事情就夠煩心了，誰還願意來處理後宮中這些女人爭風吃醋的事情，要是想在皇帝面前告狀，第一個被斥責的就是你自己！

再有，如若是個受寵的嬪妃，那還好，宮裡面缺點什麼了，每個月的份例銀子，這些東西都不用你操心，人家內務府總會差太監提前準備好了送來。水果揀最新鮮的孝敬你，花朵揀開得最豔的送到你宮裡，外面進供的綾羅綢緞，你得的也是最喜歡的顏色。

要是得罪了皇帝，遭到貶斥了，那日子就完全是另一個極端了。別說送什麼鮮花水果，就連冬天必然要燒的炭火也未必能按分量給你。衣服總是短缺的，茶也是最差的，可能連飯菜都是涼的或餿的。特別是你曾經無視過的太監，即便那個時候忍氣吞聲地捧著你，現在也會變了一張臉，變著法兒地折磨你。

你要說這些太監也太勢利了，反正是做事情，大家抬頭不見低頭見，何必這樣呢？這你就不懂了。要知道，太監是身體有殘疾的人，而且這個殘疾還不是缺胳膊少腿那樣，是永遠喪失了做男人的權力以及男人能夠擁有的一切。

在傳統觀念裡，「不孝有三，無後爲大」，做了太監的人，家裡人是非常羞愧的，走到哪裡都覺得抬不起頭來，且太監死後，不能入祖墳，只能隨便找個地方埋葬了。這對於他們來說，都是無法言喻的恥辱和苦楚。

心裡本就有這些苦壓抑著，可在宮裡幹活兒，到處都要看人臉色，一個不小心，就連命都丟了。且清宮中有規定，要是太監和宮女「狹路相逢」，太監就得駐足，站到一邊讓宮女們先走。這絕對不是說清朝講究男女平等或者女士優先什麼的，而是太監的地位實在是連宮女都不如。在這樣的環境中生活，眞可謂苦上加苦。

如此壓抑的一類人，一旦手中有了芝麻大小的權力，可能會立刻翻起浪來，用今天的話說就是有點「變態」。人性早已被扭曲了，變態也是可以理解的。因此這一類人通常都有性格古怪、喜怒無常、心胸狹窄、睚眥必報的特點。背地裡整人最是厲害，令你防不勝防，而且無常性也導致他們最會溜鬚拍馬，見風使舵，拜高踩低，一副十足的奴才相。

儘管清朝是對太監勢力控制得最好的朝代，但到了清朝晚期，這一股力量又重新抬頭了。比如三大著名太監安德海、李蓮英和小德張，都是因為極端曉得溜鬚拍馬，攀附上了慈禧，才得以飛黃騰達的。到了這個年代，太監這類人又重新成了「千萬得罪不得」的代表人物。現舉一兩個事例供主子們開心之餘，也希望主子們能夠瞭解這一類人的做事風格，「寧得罪君子，不得罪小人」哪。

咱不妨就說說這小德張的發跡史吧。關於他怎麼入宮的，就不詳細描述了，反正有一樣是肯定的，那就是已經成為閹人了。小德張進宮後，跟著茶坊的師傅哈哈李學習。這位師傅除了沒多大本事之外，最大的能耐就是自以為是，愛折磨人。跟了一年，小德張覺得前途未卜，乾脆起來反抗，處處跟師傅對著幹，終於被發配到了昇平署。

昇平署就是學戲的地方，太監們負責演，皇帝和後宮家眷們負責看。在宮裡混跡了一年多，小德張也弄明白點門道，在昇平署雖然苦，可是有機會見到宮裡的大人物，也許能瞅著機會攀附上哪位呢。

肯吃苦，又肯用心，小德張終於引起了慈禧太后的注意，在二十二歲的時候，當上了後宮太監回事。這下，小德張有機會接觸更多的宮中事務了，也弄明白了一點，雖然皇帝高高坐在龍椅上，但實際上這天下是慈禧的天下，只有緊跟著老佛爺這條路，才能保太平富貴。

當然，小德張做得最成功的與政治有關的事情，就是做往來光緒帝和慈禧太后之間的信使了。通常，光緒閱完的奏章必須交到慈禧那裡去批閱，沒有慈禧的話，光緒是不敢擅自做決定的。於是每天的程式是這樣，光緒帝看完奏章之後，由小德張傳到慈禧那裡，並跪在慈禧面前回話。

慈禧不會對太監們說有關奏摺上的事情。但她每每都要問小德張，比如皇帝吃飯沒有，皇帝在幹什麼這種看似無關緊要的問題。回答的人就要懂得相當的技巧了，否則很可能招來殺身之禍，特別是面對慈禧這種心狠手辣的變態老女人。

在這一點上，就不得不讚揚一下小德張的機敏和他與李蓮英配合的默契了。小德張回話，只能俯首貼耳，不能抬起頭來看慈禧的臉色，否則就會被視為大不敬（為此是死過很多人的），於是他便偷瞄李蓮英的臉色，李蓮英嘴角微微上揚，就代表此時小德張說的話說對了，如若李蓮英有些蹙眉，小德張就得趕緊把話題繞開。當然，這些還得全憑小德張的悟性，自己揣摩著哪些話該說，哪些話不該說。

事實證明，伺候在慈禧身邊是非常不容易的，這位喜怒無常的老太太即便垂簾聽政幾十年，居然還耿耿於懷當年和短命的老公未能舉行過大婚這種實在不知道該怎麼去計較的事情。可想而知她是多麼心胸狹窄，卻又極端要面子的一個人。死在她「不高興遊戲」下的人不計其數。但如若能夠摸準她的心思，伺候得她高興，便是一條發大財的捷徑。你看李蓮英在慈禧身邊伺候幾十年，在外面高宅大院不說，還在京城周圍置下了無數地產，家裡的寶貝無數，甚至超過了那些皇親國戚。娶了好幾房太太，雖然生不出什麼孩子，但領養了一些，滿足了他成為正常男人的奢求。

做為這樣權勢熏天的太監，你敢得罪嗎？他們在老佛爺面前不但懂得怎麼說話，還懂得如何把自己的意思潛移默化地「植入」進去，如果他們想坑你，你還逃得了嗎？

第 拾 章

不按規矩來，你就死定了

話說有一次，慈禧老佛爺閒來無事拉了泡屎，忽然心血來潮，非得讓一位老太監吃了它。人人都覺得這是奇恥大辱，但人家慈禧興致高昂，誰也不敢說什麼，倒楣的老太監只得低著頭吃了那泡屎。這事兒讓光緒知道了，光緒皇帝有些聽不下去，咕噥了一句：「宮裡頭沒有這樣的規矩。」這話又傳到了慈禧耳朵裡，慈禧當下就不高興了，一拍桌子說道：「我就是規矩！」於是，這紫禁城中的規矩就大抵定下來了。

宮規典制放在那裡，條條框框十分拘人，然而眞正說了算的還是主子。即便主子沒按照宮規來，也會有無數人絞盡腦汁爲主子尋開脫的辦法。所以，把那本「宮廷手冊」背得滾瓜爛熟，不一定能保一世太平，倒不如知道誰說了算，知道那個人的心思還來得安全些。

早請示晚彙報，中午還得來陪聊——請安制度

「普天之下，莫非王土，率土之濱，莫非王臣。」在皇權高度集中的清代，等級制度森嚴到了不通人情的地步。別以爲進了宮，選了秀，做了皇帝的老婆，就能過一人之下萬人之上的清閒生活。別說一般的妃嬪了，就算皇帝大開宮門正式迎娶回來的皇后，那也只是個當家媳婦罷了，頭上還有皇帝、皇太后、皇太妃這三座大山呢。

按照賢妻美妾的要求，一般妃嬪品德無大錯就行了，閒暇之餘只需要穿衣打扮或是看戲養狗、書畫自娛。但如果是皇后，要求就高了很多，首先必須品德高尚，對皇帝、皇太后、皇太妃恭敬，做到母儀天下；然後還必須賢慧，照顧好皇帝的老媽和大小老婆，管理好後宮的太監宮女，不能爭風吃醋，不能怠忽職守；最後還得應酬，時不時地接見臣子的老媽和老婆，幫皇帝老公做公關。唉，怎一個辛苦了得！

看到這，你就開始琢磨了，既然皇后那麼辛苦，我乾脆別做皇后，做個寵妃行不行？在皇宮裡，只要有皇帝的寵愛就能過上呼風喚雨的好日子了嗎？你又錯了。皇后對皇帝來說，還能算是帝國高級CEO，勉強稱得上夫妻一體，而其他妃嬪，對皇帝來說就只是傳宗接代的工具，或是書桌上的一個擺件，房間裡的一個花瓶這類裝飾品而已。

帝王心，海底針。後宮三千佳麗，每三年皇帝就能挑選一大群年輕貌美的秀女進宮，你又憑什麼能得到皇帝長久的寵愛呢？以色侍人者，色衰而愛弛啊！

什麼？你不相信？清代皇帝都是癡情種子？《後宮甄嬛傳》、《步步驚心》、《孝莊祕史》不都這麼演嗎！可別清穿劇、清穿小說看多了，就把影視作品當成歷史了。你該讀一讀《清史稿．后妃》，看看寫進史書的有名有姓的妃嬪有幾個，再看看她們得以安享晚年的又有幾個，然後你就會明白，歷史比小說要殘酷一百倍。

那些得到皇帝寵愛的妃嬪，沒有哪個有好下場。順治是有名的癡情皇帝，據說他獨寵董鄂妃，結果呢？董鄂妃生的兒子只活了三個多月，她自己也是年紀輕輕就死了，就算順治爲她哀痛而死，但人都死了，一切成空，也只是爲後人留下一些談資而已。

光緒皇帝最寵愛珍妃，結果呢？堂堂一國之君連心愛的女子都護不住，慈禧太后一道聖旨，就讓珍妃做了井底亡魂，何其淒慘！

那到底要怎樣才能安安穩穩地在皇宮裡活下去呢？說簡單也簡單，說不簡單也不簡單，就兩個字：規矩。

清朝的皇族——滿族，在還沒有建立清朝的時候，就有特別尊重長輩的好習慣，等入了關，做了皇帝，尊敬長輩的習慣受到中原禮教的影響，就演變成了更加苛刻的長幼關係和更加森嚴的等級制度。

就拿皇帝來說，康熙是一位特別勤勉的皇帝，每天凌晨四點起床，做的第一件工作就是到皇太后的宮殿外面請安。想想看，連皇帝都得對皇太后畢恭畢敬，身為皇帝的老婆，是不是該對婆婆更加恭敬呢？

所以，清代的妃嬪，包括皇后，儘管每天都無所事事，但作息時間還得向皇帝靠攏。康熙皇帝是個非常勤勉的皇帝，對自己要求很高，每天早睡早起。晚上六七點鐘，皇帝準備睡了，儘管你一點都不睏，也得趕緊洗洗睡了，不然你房間的燈火萬一影響到萬歲爺的休息怎麼辦？每天凌晨四五點，皇帝就準備起床上朝了，皇宮裡最大的老板都不能睡懶覺，你當然也必須梳洗打扮，穿得整整齊齊地在自己的屋子裡面待著。如果是沒品級的宮女，你必須比主子起得更早，如果是有品級的妃嬪，你還得趕緊洗漱完畢，到皇后的宮殿外面待著，等著跟皇后一起去皇太后的宮殿請安。

皇后和皇太后可能不會注意到宮妃遲到與否，但廣大妃嬪群衆的眼睛是雪亮的啊，把你ＰＫ下去，跟大家競爭皇帝的人不就又少了一個，這種讓人喜聞樂見的事，怎麼能放過呢。所以，遲到的後果，葬送的就是你的前程，因為你沒有規矩，不敬重長輩！

皇太后差不多算是後宮最尊貴的女人了，她不慌不忙地起床梳洗，用過早飯，然後才接見兒子花枝招展的後宮妃嬪。當然，只有地位高的皇后、皇貴妃等才有這份榮耀陪著皇太后說話聊天，一般的妃嬪就只能站在大殿裡，聽她們講話。皇太后有心情聊天，就讓大家多待一會兒；要是皇太后要禮佛，不想跟人聊天，就會吩咐身邊的大宮女，讓大家都回去吧。

皇太后發了話，皇后就得聽從，於是又帶著大家回自己的宮殿。妃嬪們都得聽皇后安排，或是回自己的屋子裡去，或是留下陪皇后說話。一上午也就過去了。

到了下午，多半是妃嬪自行安排時間。喜歡熱鬧的，可以看宮女太監們逗貓狗鳥這些寵物玩，或是到其他妃嬪處聊天。喜歡安靜的，就在自己的屋子裡繡繡花，寫寫字，或是到小佛堂禮佛。日復一日，年復一年，直到紅顏老去。

很難說這樣的生活是幸還是不幸，因為不單是皇宮，在清朝，就是一般官宦家庭，也有早晚到父母房裡請安的規矩，叫作「晨昏定省」，也就是說早上和晚上定時到父母房裡問安，看看長輩的身體如何，心情好不好之類。當然一家之主肯定忙於工作，侍候長輩的工作主要是交給家裡的女主人來做的。具體怎麼侍候呢？一般就是早晚請安、侍候長輩用餐、照顧生病的長輩等等，如果做了管家的主婦，還得處理家務事，管理僕役，管理家產和人情往來等等。

剛進門的新媳婦，必須每天到婆婆房裡問安，侍候婆婆一日三餐。就是婆婆準備吃飯了，你得擺筷子，拿碗；婆婆坐著吃飯，你站在旁邊給她夾菜；婆婆吃完了，你才能到偏房去吃兩口剩菜剩飯。如果家裡有小姑子，你還得侍候小姑子，小姑子享受跟婆婆一樣的待遇。

如果婆婆心好，讓你侍候個一年半載，也就不要求你天天都這樣了，也會叫你坐下吃飯，讓丫頭們侍候著。

如果婆婆對你不滿意，那就比較淒慘了。一日三餐讓你站著侍候，還能叫你從早到晚都做丫頭的事兒，根本不讓你有時間跟老公在一起。三個月或是半年一過，還要嫌棄你沒爲婆家開枝散葉，要嘛把你趕回家，要嘛送一大群小老婆給你老公使喚。

一般人家其實也就是皇宮生活的簡化版，媳婦日子都不好過，就更別說情況複雜一千倍的宮廷妃嬪了。

家人入宮覲見的規矩和章程

好不容易擠過選秀這一關，終於能把戶口落到紫禁城了，眞是不容易啊！不過，這還只是漫長宮廷生活的開始而已，除了少數後臺硬、背景深的能成爲有位分的妃嬪外，大多數入選的人只能從答應、常在這種最低等的宮妃做起。

最尊貴的皇后只有一個名額，次一等的皇貴妃也只有一個名額，第三等的貴妃有兩個名額，第四等的妃有四個名額，第五等的嬪有六個名額，混到嬪以上，才能算是皇宮裡有名有姓的人物。嬪以下，還有貴人、常在、答應等不限名額的宮妃，說起來也是皇帝後宮中的一員。但拿到一般官宦家庭來看，最多就是個通房丫頭的地位，勉強能在宮廷裡保留一個姓氏，如果姓蘇就稱蘇答應，如果姓陳就叫陳常在。

別以爲后妃有等級就有爬上去的機會，這可不是有功勞就能得到晉升的職場，不少嬪以下的女子，一輩子都沒得到晉級的機會。都說「一入侯門深似海」，那進了比侯門更高級的宮門，個中滋味，就只能如人飲水，冷暖自知。

皇宮這個地方，往大了說，那是國家重地，皇族的榮耀，皇權的象徵；往小了說，它不過就是四四方方一座城，住著皇帝一家人罷了。當然，做爲至高無上的皇權象徵，皇帝的家庭沒有家事，家事也是國事。因此，皇家的任何一項活動都必須嚴格按照規矩執行，行走坐臥都有規範，稍有不愼，就可能惹上麻煩。

進宮之前，可能你已經接受過嬤嬤們的教導。但當眞正站在那狹窄的庭院中，你才會對規矩這個詞有最深刻的體會。清代規定八旗女子必須經過選秀，皇親國戚的妻妾都由皇帝親自指派，在這樣的環境下，八旗家庭特別重視對女孩子的教養，沒有選秀之前，誰也不敢說自家的女兒就做不得皇后皇妃，沒有母儀天下的機會。爲此，清代明確規定，八旗沒選秀的女孩子，不用對家裡的任何長輩或是其他什麼人行跪拜大禮，八旗貴族少女和平民少女之間也沒有特別大的等級差異。

但是選秀之後，秀女們的地位在一瞬間就拉開巨大差距，再也不是家人捧在手心裡的明珠寶貝。上有皇帝、太后、太妃壓制，中有妃嬪爭寵，下有太監宮女陽奉陰違，每一步都讓人驚心不已。受了委屈怎麼辦？哭喊著「老媽，我想你了，我想回家」，有用嗎？

沒用！

如果是民間女子，嫁人之後，若是娘家離得近，那一輩子還是有不少機會能回家探望父母。但嫁給了皇帝，情況就大不相同了。

規章制度裡清清楚楚寫著呢！《清宮史．宮規》規定：「凡秀女入宮，有名號者，父母年老，特旨許會親，一年或數月，許本生父母入宮，家下婦女不許隨入，其餘親戚不許入宮。」

看著還不錯吧？每隔一年或是幾個月，親生父母還能到宮廷裡來探望。但是，你注意到了嗎？有名號的秀女才有這項殊榮，至於那些沒名號的呢？還有，得到皇帝特許的才能見親人，那沒得到皇帝特許的呢？就只能「呵呵呵」了，一入宮門深似海，從此家人是路人啊！

你或許會驚訝，怎麼可能呢？《紅樓夢》裡面不是還寫了元妃省親的章節嗎？皇帝還特意下令讓榮國府修葺園林，迎接元妃回家呢。雖然只在大觀園裡待了幾個小時，但好歹算是回家探親吧？而且《紅樓夢》裡面不是還寫過王夫人和賈母到皇宮裡探望元春嗎？身爲清朝人的曹雪芹應該不至於搞不懂宮廷規矩吧？

面對這種疑問，我們只能回答，小說畢竟是小說啊！源於生活卻高於生活。曹雪芹在寫《紅樓夢》的時候，也沒有指天咒地地說，我就是寫本朝皇帝啊。你還記得嗎？《紅樓夢》的開頭可不是清代怎麼樣怎麼樣的，而是「朝代年紀失落無考」。

而且，在清代這個大搞文字獄的朝代，曹雪芹先生恐怕也沒那麼大的膽子，敢把真人真事一一寫出來。最多只能借元妃的話傳達一言半語宮廷生活的不易。

元妃省親，人還沒到，全家老小就穿著大禮服列隊等候了，等見了面，就連她的親奶奶和親生父母都必須對她行跪拜大禮。元妃本人更是哭泣著抱怨家人的狠心，把她送進了皇宮那個見不得人的地方，何等悲傷可憐啊！

事實上，在清代，按照《欽定宮中現行則例》和《國朝宮史》中的規定，「內廷等位父母年老，奉特旨許入宮中會親者，或一年，或數月，許本生父母入宮，家下婦女不許隨入、其餘外戚一概不許入宮。」

也就是說，想要見到父母，必須具備以下兩個條件：第一，你的等級在嬪以上，並且有自己的封號，如「德妃」或是「珍妃」等；第二，你得向皇帝請求，得到皇帝特批，「某某妃懷上龍種，或是父母年老，思念父母，特許其親生父母進宮」。二者缺一不可。

就算父母得到特批，進了皇宮，還非常榮幸地領到了紫禁城暫住證，你的人品特別好，皇帝還特批讓你的父母照顧你三個月。你開心的呀，馬上就想指揮太監宮女打掃房間，安置父母。沒想到身邊的嬤嬤立刻阻止：「這紫禁城住的只能是皇家人，你現在是皇帝的老婆了，住紫禁城是必須的。但你的父母可就沒這個資格了，紫禁城裡你還不能當家作主呢。你看啊，紫禁城東北角有個兩進的小院子，那就是萬歲爺給妃子們探親的父母準備的。」

原來，父母探親能住的地方不是自己隔壁房間，而是隔了大半個紫禁城的一個角落啊。進了宮，還得遵守宮裡的規矩，見到這個要行禮，見到那位還得磕頭。父母難受，你更難受，還不如在家當老爺太太呢。好不容易熬過了三個月，以後你還想見父母？算了吧，老人家操心了一輩子，也該在家安享晚年啦。

清朝對后妃與家人的見面控制得非常嚴格，出宮是行不通了，就是常常請求父母來看自己也不容易。但實在想念家人了怎麼辦？

別急，上有政策，下有對策。宮規也不是那麼不講情面，它還爲廣大思念家人的妃嬪提供了另外一種方法，「每遇年節或家中偶有事故，太監、宮女首領可奉主命前往外家探慰」，這就是說，逢年過節或是遇到家裡有事了，你可以派你的大太監、大宮女出宮探望家人，讓太監、宮女幫你看看父母身體如何，兄弟孝順與否。不過，你還得謹慎，因爲規定還說了，「嚴禁宣傳內外一切事情」，啥意思？你可千萬別讓太監、宮女傳話，說萬歲爺怎麼怎麼啦，太后娘娘又怎麼怎麼啦，這宮廷裡的事一旦傳出去，那就得從重治罪，全家受罰啊。

看到這你鬆了口氣：「幸好我沒說萬歲爺，我就只想問問老爸升官了沒有。我們家那個世仇是不是已經被幹掉了。」別呀，這話一問，也犯忌諱啦！后妃不得干政，你問那麼多是幾個意思？避嫌最重要啊。你可能只是關心家人，但皇帝卻可能認爲你就是想借機會吹枕頭風，好干涉朝廷大事，那不是找虐嘛！進了宮，就得謹言慎行，不作死就不會死啊。

什麼？你還想見見父母以外的其他人。唉，或許有緣還能夢裡相見吧！

宮規典制

俗話說得好，「無規矩不成方圓」。現代管理學認為，任何時候用制度來管人都是最科學高效的。身為國家最高管理者，清朝皇帝對後宮內院的管理也自有一套規範。這偌大的紫禁城裡，生活著數千人，除了皇帝本人，還有妃嬪、先帝妃嬪、皇子皇女和他們的宮女、太監、保姆等等。如果沒有一套行之有效的管理規範，很容易發生一些皇帝本人不願意見到的事情。

在清朝建立之初，做為遊牧民族的滿族還沒有一套比較系統的管理規定。很多宮廷規章制度都只是依照皇帝命令和先代習慣，換句話說，這時候的宮廷規範就是皇帝說了算和老祖宗的規矩說了算。如果不幸穿越到乾隆當政之前，那就只好夾著尾巴做人，自個兒摸著石頭過河，因為皇帝自己還找不到一個規章制度來給你解釋呢。一切都只能靠自己摸索，虛心向所有年長的太后、太妃、宮女、嬤嬤請教，小心察言觀色才能避免犯錯受處罰。

沒制度就讓人感覺不踏實，要是遇到皇帝不想管或是老祖宗也沒遇到的事，就難免讓人犯難。為了解決管理上的問題，提高統治水準，有錢有閒還愛管事兒的乾隆皇帝就頒布了《欽定宮中現行則例》，專門為紫禁城的管理確定了規範。上至皇太后，下至小太監，都必須按照規定辦事。如果你穿越到了這本宮規頒布以後，那就是大大的好運啦，至少能明確知道什麼是能做的，什麼是萬萬不能做的。

這本宮規唯一的例外仍然是皇帝本人，他就算做了出格的事兒，大家也得特事特辦。誰讓你身處這個「普天之下莫非王土」的封建時代呢？謙遜點說，那就是天老大，皇帝排第二，皇權集中到頂峰，誰敢去給皇帝定規矩啊？所以，乾隆皇帝頒布政策，可不單單只是為了管理後宮，還是為了維護他的皇權。這特權階級就是讓人不平衡啊！

想要在後宮裡混得好，熟讀《則例》是前提。簡單來說，這本書分為名號、玉牒、禮儀、宴儀、冊寶、典故、服色、宮規、宮分、鋪宮、遇喜、安設、進春、謝恩、錢糧、歲修、處分、太監共十八大類，一一規定了後宮妃嬪、太監宮女的衣食住行的安置、宮廷宴會的禮儀、賞罰制度等等。具體到內容上，這十八類也可以簡單整合成四種規定：

一是規定後宮妃嬪、宮女太監待遇。比如《則例》中明確規定，皇太后、太皇太后居住在慈寧宮、寧壽宮，而太妃就陪她們住在這兩大宮殿群裡面。冊立皇后和妃嬪時，由內務府頒發金寶、金冊，如果有幸做了皇后，單有皇帝的旨意還不夠，還得拿到刻著「皇后之寶」的金寶，以及寫明你身分和美德，任命你做皇后的金冊，這些其實沒什麼用處，但就相當於你在皇室的身分證，意思就是你能持證上崗了。

看著手中的「皇后之寶」，你心裡美極了，覺得自己能在後宮翻雲覆雨了。但是且慢，雖然《則例》裡面說了，皇后主管內治，妃嬪輔助皇后內治，貴人以下修內職。但並沒有內治和內職的具體內容，這就等同一張空頭支票。皇帝說，皇后，我的後宮都歸你管。但實際上，他一句讓你怎麼管的話都沒說。

眞正管理內宮事務的另有其人。一個是管理皇族事務的，就是大名鼎鼎的內務府，上到皇帝的小金庫，皇帝、皇子、公主結婚的禮儀，下到爲皇室養貓養狗養寵物的機構，都歸它管。內務府的一切人員專門爲皇室服務，一切以皇帝個人生活需要爲中心，足足有五十多個分支機構，是六部官吏人數的兩倍之多，由此可見皇帝生活的奢華。另一個是專門管理後宮事務的，叫作敬事房。上到皇帝晚上跟哪個妃子睡覺，下到太監宮女的分配處罰，都是敬事房的事兒。

看著這規定，你沒被鬱悶到吧？既然都做到皇后了，不妨看開一點，這些小事，誰愛管誰管去，你呢，好好地端坐在寶座上，逢年過節接受妃嬪們的朝賀就行。

雖然不能手握大權，翻雲覆雨，但皇后的待遇也不是吹的。《則例》規定了，你每年能拿到一千兩白銀當零花，還有上百匹各色綢緞、皮毛、金銀器皿等等不一而足，單是每天的日用，就能領到雞鴨各一隻、豬肉二十五斤、羊肉一盤、新鮮蔬菜二十五斤、各種米麵乾果數十斤，衣食無憂啊！

除此之外，若生了皇子，還能拿到一千兩白銀和三百匹各種布料；生了公主，賞銀和布料減半。如果你只求榮華富貴，那做皇后簡直是一本萬利，要知道，當時的普通官員，一年只能拿到三十兩銀子和十五石米呢。《紅樓夢》裡面劉姥姥說的，莊戶人家一年二十兩銀子就能過得非常好啦。

再看看第二大類的宮規，主要是規定後宮禮節。比如皇后和妃嬪的生日怎麼過，哪些人能來祝賀，有多少禮金，秀女怎麼選，怎麼祭神、祭灶之類。這裡面也是水很深，一個生日的稱呼就能體現出階級差距。

皇后和妃子的生日叫作「千秋」，嬪的生日就只能叫「壽辰」，貴人的生日叫「生辰」，常在叫「生日」，常在以下就沒有稱呼了，更別妄想收到法定的生日禮物。有幾個交好的妃嬪送點手帕荷包什麼的，也算過了生日。可皇后就不一樣了，能收到法定的六兩金子，九百兩銀子，還有六十多匹不同布料。這就是人比人，氣死人。

第三大類規定是對宮殿的維護和裝飾管理。比如說，每年什麼時候設置天燈和萬壽燈，什麼時候掛門神，什麼時候清理花園、水溝、做大掃除等等。

第四大類是對太監、宮女職責職能的確定和處罰管理規定。如果你是宮女，請務必早晚誦讀《則例》，拿出高考的幹勁深入學習！可別小看這些管理制度，做錯了哪點都不是好玩的。在這紫禁城裡，做錯事的下場非常悲慘，就連皇后也有被打入冷宮淒慘死去的，更別說下層的太監、宮女了。

宮女講話的聲音大了，要受罰；做事讓主子看不順眼了，也要受罰。甚至覺得活著太艱難了，一心求死，還得受罰。《則例》規定，太監、宮女如果在宮裡用利器自殺，要被砍頭；如果上吊自殺沒死成的，還要被絞死。連死都不能自主，實在淒涼。人往高處走，水往低處流，也就難怪有姿色的宮女都盼望著巴結上皇帝，一步一步往上爬了。

國庫中的寶貝和賞賜物件

在任何時候，女人都很難抵抗來自珠寶首飾的誘惑。做爲大清朝最集中的女性聚居地，恐怕還眞找不到一個比清朝宮廷女性更熱衷於珠寶首飾的地方。不管是出於什麼目的來到宮廷，你都得直視這樣一個慘不忍睹的現實，皇帝只有一個，後宮佳麗卻有三千，還不算給佳麗們打雜的宮女。

無論你是打算來混碗飯吃的小宮女，還是打算來爭寵的妃嬪，過日子都離不開衣食住行。「食」是大鍋飯，「住」是領導安排，「行」是自家大院，都不用你操心，也輪不到你操心，所以每天無所事事的你，也就只剩下一個「衣」能用來打發時間了。

都說「一朝天子一朝臣」，穿衣打扮也是一樣，唐朝有唐朝的風格，明朝有明朝的習俗，到了清朝，風俗習慣也隨著統治者的變化而變化了。所以想要做一個走在清朝女性服飾流行前端的人，就必須瞭解一下滿族女性的衣著習慣。

在清朝入關之前，滿族女性就有往頭上戴花的習慣，還不是戴一、兩朵，而是戴滿頭滿腦。這形象是不是讓你頓時想起了劉姥姥進大觀園時插的滿頭鮮花？忍住別笑，且聽我一一道來。

滿族長期生活在東北嚴寒的地方，春夏短暫，秋冬漫長，植物都是耐寒林木，顏色鮮豔的花朵特別稀少，長年累月能看到的顏色就是「白山黑水」加上各種綠色。所以滿族才特別喜歡各種豔麗的顏色，愛美的女性更喜歡用花期短暫而豔麗的花朵來打扮自己，從二八少女到頭髮稀疏的老太太都喜歡戴上滿頭鮮花，甚至還有特別潮的女孩子，直接在頭上綁一個花瓶，然後把各種鮮花插到花瓶上。這新潮的創意，簡直完敗現代的「非主流」啊。

清朝入關之後，滿族女性的穿著打扮在全國流行起來。清朝初期，國家不富裕，清朝的后妃們還是習慣用鮮花來打扮自己。到了清朝中期，國家穩定發展起來，於是后妃們的頭飾也從廉價的鮮花，慢慢向華貴的珠花過渡。來自雲南的翡翠象牙、來自和田的玉石、來自東北的珍珠，甚至來自海外的有色寶石，源源不斷地進入宮廷，它們經過宮廷御用的首飾作坊——宮廷造辦處的巧手匠人，被製作成種類繁多、樣式精美的各種珠寶首飾，然後擺在妃嬪們的梳妝檯上。

造辦處按照工藝被分爲撒花作、累絲作、玉作、牙作、琺瑯作等十幾種不同的手工作坊，承攬整個清朝宮廷的御用物品製作，工藝高超，精美絕倫，留下不少傳世精品。直到今天，我們還能在故宮博物院裡面，看到曾經盛極一時的封建王朝頂級手工藝製作的成果。

怎麼樣？去故宮博物院溜達了一圈眼紅了？就說沒有哪個女人能抵抗頂級珠寶首飾的誘惑。不過，也別看著這件累絲金鳳朝冠流口水了，它眞不是一般妃嬪能戴的。清宮裡，不但人要分等級，就連金銀珠寶，也不是你想戴就能戴的，它也有三六九等呢。

你看看這件貂皮嵌珠東朝冠，頂上三層，最上邊是一顆大東珠，這可是從滿族發源地——東三省採來的好東西，又大又圓又亮，有拇指那麼大一顆，無價之寶啊！大東珠下邊是三隻金累絲鳳，也用東珠分隔開，別小看這累絲鳳，頂尖的金匠也得花一兩個月才能做出一隻，工藝複雜，幾乎都已經失傳了，到了近代才被工藝大師們逐漸找了回來。朝冠的主體上還有七隻累絲金鳳，裝飾著珍珠和貓眼石，朝冠後面還有青金石、珍珠、金累絲、珊瑚做成的墜角，套句流行話，那就是看一眼就知道什麼叫作「高端大氣上檔次」。這有著三層頂和七隻金鳳的朝冠，是皇后和貴妃才有資格戴的。

看過《宮鎖心玉》的你，若是幻想能像晴川一樣穿越成小宮女，還能打扮得花枝招展吸引皇子注意，那我可得提醒你了，現實和幻想總是有差距的。

《宮女往談錄》中老宮女的真實回憶：「我們宮女不許描眉畫鬢，也不穿大紅大綠，一年四季各發一套衣裳，春夏是綠色，有淡綠、深綠、老綠，秋冬是紫褐色，只有萬壽日和正月能穿紅色的衣服。」至於服飾打扮，宮女們都梳一條大辮子，綁著頭繩。在宮廷重大節日慶典的時候，也能梳一個滿族的兩把頭，不過不能裝飾金銀珠寶首飾，只能戴規定的鮮花。

若是有幸做了皇太后、皇后身邊最親信的大宮女，才能打扮得精緻一些，穿點好看的顏色。慈禧太后的貼身宮女在正月初二就曾經做過這樣的打扮，紫紅色春綢絲綿的棉襖，裝飾著青緞子沿邊、金線的條子；蔥心綠的背心，裝飾著萬字不到頭的條子、蝴蝶式青絨紐襻、精緻的銅紐扣；最重要的是，可以穿繡著五福捧壽的鞋子，只有慈禧太后親近的人才能穿，走到哪兒都受人追捧。

看來宮女的日子是不怎麼好過，那麼後宮妃嬪是不是會好很多呢？畢竟宮女是僕從，妃嬪好歹是半個主人嘛。按照《大清會典》的記載，可以看到一個用服飾來區分的等級層次，皇太后和皇后的朝冠分三層頂，裝飾七隻金鳳，妃嬪就要降低一個檔次，只能用兩層頂和五隻金鳳了。皇太后、皇后的飾品和衣物可以用大面積的明黃色，貴妃和妃子能用少一些的金黃色或紅色，而品級更低的嬪甚至都不能用黃色，只能用嵌金邊的青色藍色等暗淡的顏色，貴人答應的穿著，也就只比宮女好一點點而已。

此外，清朝宮廷還實行統一管理，上至皇太后，下至宮女，都拿著固定工資，也就是宮中份例，簡稱「宮分」。皇太后的宮分等級當然是最高的，據說她每年能領到固定的金二十兩，銀二千兩，蟒緞兩匹，補緞兩匹，織金兩匹，妝緞兩匹，倭緞四匹，閃緞一匹，金字緞兩匹，雲緞七匹，衣素緞四匹，藍素緞兩匹，帽緞兩匹，楊緞六匹，宮綢兩匹，潞綢四匹，紗八匹，裡紗十匹，紡紗十匹，杭細十匹，綿綢十匹，高麗布十匹，三線布五匹，毛青布四十匹，粗布五匹，金線二十綹，絨十斤，棉線六斤，木棉四十斤，二號銀鈕二百，三號銀鈕二百，二等貂皮十張，三等貂皮二十張，五等貂皮七十張，裡貂皮十二張，海龍皮十二張。每天還能領到豐富的日用品，豬一隻，羊、雞、鴨各一隻，新粳米兩升，黃老米一升五合，高麗江米三升，粳米粉三斤，白麵五十一斤，蕎麥麵、麥子粉各一斤，豌豆三合，芝麻一合五勺，白糖二斤一兩五錢，盆糖八兩，蜂蜜八兩等等，確實非常奢侈，令人眼紅啊！

如果這位皇太后恰好是一位福氣好，皇帝兒子孝順的皇太后，比如乾隆皇帝的老媽，在她過六十大壽的時候，乾隆皇帝不單爲她大辦宮宴，還送上各種珍貴的禮物，包括衆多精美的首飾，其中髮簪就有上百支，什麼事事如意簪、梅英采勝簪、景福長綿簪等等。

如果你沒有一個爭氣的皇帝兒子，自己做了總攬大權的垂簾皇太后，比如慈禧太后，也是能過上讓人羨慕的奢華生活。慈禧太后最愛顏色豔麗的飾品，她堪稱宮廷時尚大師，設計的大拉翅可以裝飾數十種不同的髮簪、髮釵、扁方、頭花、頭籠、流蘇，奢華異常。

如果實在混不到皇太后這種位置，那就只好接受宮規約束了，可千萬別想著標新立異來博出位。光緒皇帝非常寵愛珍妃，珍妃年輕貌美，喜歡打扮，經常穿一些創新款式，以至於觸怒了慈禧太后。慈禧太后直接下旨把珍妃連降兩級，降成珍貴人，並要求她按照宮內規矩穿戴，不准違例。這樣的悲劇可千萬要引以爲鑒啊！

綜上所述，我們總結一下清代宮妃們的首飾來源。其一，按規矩發放的，也就是宮分啦。這個是拚等級，等級越高，首飾就越豐富，越珍貴。爲了美美的首飾，請務必力爭上游！

其二，上司賞賜。你給皇帝生了兒子，他一高興，賞賜你珠寶。皇帝一賞賜，後宮的高位妃嬪也得有所表示吧。所以多生孩子，尤其是多生兒子，也是招財進寶的好手段。

其三，下級供奉。如果做了皇太后，過生日的時候，不單兒子會送禮，臣子也會送禮，眞是收禮收到手抽筋啊。這一點也是要努力求上進才能得到的。

其四，自己給自己的。人與其他生物的差別就是有欲望，有主動性，也有手段去獲取自己想要得到的東西。如果能做到寵冠後宮或是垂簾聽政，那什麼寶貝還不是手到擒來？不過，醜話說在前頭，此路有風險，前進需謹愼！也不是每個女人都是楊貴妃、武則天或是慈禧太后，你看楊貴妃不也被賜死馬嵬坡，武則天和慈禧太后都負面評價纏身嗎？

大不敬之罪

如果你仔細閱讀，就會發現本書曾多次提到一個「大不敬之罪」，這個罪名如此普遍又如此容易觸犯，究竟是個什麼罪呢？

所謂大不敬之罪，是清朝的「十大罪行」之一，不過這個罪行又是十大罪行中最獨特的一個，因爲根本沒有明文規定，什麼是敬，什麼是不敬，實際上大部分的定罪由主子個人喜好來判斷。意思就是，如果主子認爲你大不敬了，那你就算說破天，也是說不清楚。而且這大不敬之罪的懲罰方式也沒有明確規定，依然是主子說了算，輕則罰俸、降級，重則打入冷宮或者一個死，這也是因人而異的。比如慈禧太后就經常因爲大不敬之罪懲罰別人。

有一次，慈禧命一個小太監陪自己下象棋打發時間，下著下著，小太監一高興，竟然忘記了忌諱，隨口就說了一句：「奴才殺老佛爺一匹馬。」這下可惹惱了喜怒無常的慈禧，她憤怒地回了一句：「我殺你全家！」

於是，這個小太監就被拖出去活活打死了。這還不算完，要不是慈禧老太太喝了口茶舒緩了一下情緒，估計小太監全家都得被翻出來弄死。

同樣是這位慈禧老佛爺，規矩多了去了。她年紀輕輕老公就死了，然後又張羅著兒子的皇位，最後又操心著侄子的皇位，反正整天就動腦筋想事情，眞是耗費大量的腦細胞，人也顯得有些蒼老，尤其眼角的皺紋，那眞是用什麼高檔化妝品都掩飾不住。

於是，愛美的慈禧特別忌諱有人盯著她的臉看。這不，又有不懂事的小太監踩到地雷，回話時抬頭瞅了她老人家一眼。這一眼就是小太監在這世界上看到的最後一眼了，因爲馬上他就被拖出去杖斃了。從這以後，誰都不敢正眼去看慈禧一眼。有的人在宮裡頭伺候很多年，常常出入慈禧的住處，可最後都不知道慈禧究竟長什麼模樣，看來慈禧老佛爺的神祕性還是保持得非常好的。

以上兩個事例，慈禧都是以大不敬之罪懲罰太監的。可見，要是犯在一個狠毒的主子手裡，這大不敬可椿椿件件都是個死啊！

你可能要說了，幹嘛淨說些奴才的事情，咱在這後宮之中是侍奉皇上的，不必像奴才這樣謹小慎微吧？

那你就錯了，即便侍奉皇上，你在後宮之中，打交道的多爲女人，這其中必然有地位比你高的，要是不小心得罪了，依然會獲罪。就算身爲皇后也同樣有危險。

不信就看看同治帝的孝哲毅皇后阿魯特氏。說起這位，眞心覺得可憐，當初她是慈安太后屬意的皇后備選人，而慈禧太后則看上了另一位女子。這是兩宮太后的拉鋸，讓同治皇帝夾在中間好不爲難。

雖然同治是慈禧的親生兒子，但顯然母子關係並不和睦，在慈禧心中，權勢遠遠比兒子重要。母親的淡漠兒子當然能感覺到，因此同治自小和皇額娘慈安關係更近。在選皇后時，他也依從了慈安的意見，選擇了阿魯特氏爲皇后。

同治死的時候，阿魯特氏腹中還懷著他的孩子，可是慈禧早就選定了皇位繼承人。頗有野心的慈禧當然不甘心等阿魯特氏誕下皇子，自己放權退居太皇太后去頤養天年，於是封了光緒爲皇帝，且處處與阿魯特氏過不去。

一次，阿魯特氏照例給慈禧請安，卻惹得慈禧不高興，隨便找了個理由便要懲罰阿魯特氏，命太監過去掌嘴。

要知道，這掌嘴在後宮中那是對女性最低賤的懲罰了，連宮女被掌嘴都會覺得丟人，覺得羞恥，何況堂堂的皇后？阿魯特氏不堪其辱，回嘴道：「臣妾就算犯了什麼大錯，好歹也是從大清門抬進宮裡來的啊，請皇太后多少爲臣妾留點顏面吧。」這句話眞是觸痛了慈禧，前面說過，這位老太太不是一直耿耿於懷，自己沒能做爲皇后正兒八經地舉行大婚嗎？

這阿魯特氏簡直就是赤裸裸的大不敬啊！可是，偏偏慈禧就沒有一個光明正大的理由來因這句話懲罰阿魯特氏，因爲人家說得一點兒沒錯，人家就是個正宮皇后，沒人有給她掌嘴的理由和權力。

當然，最後阿魯特氏還是死了，死得非常無奈。可見在慈禧這裡，不管是有理由的大不敬，還是沒理由的大不敬，結局統統不美妙。

那在這後宮之中，究竟有多少大不敬呢？

先從「有名有分」的說起。首先，是名字的避諱。在清朝歷史上，也一直是非常注重的事情。皇帝的名字帶了什麼字，其他人是不能用這個字的，不管是音同還是字同都不行。比如雍正皇帝名叫愛新覺羅·胤禛，普天下的人就不能以「禛」字爲名，也不能以發這個字音的字爲名，如果在寫東西時必須用這個字，也得缺筆少劃地去避諱，以體現唯皇帝獨尊。

所以，在後宮之中，賣弄你學到的那點詩詞曲賦是小事，忘記了避諱，這大不敬之罪很可能會讓你株連家人。

其次，是地位尊卑的問題。請安的問題前面詳細說過，姊妹之間碰面該怎麼打招呼也交代過。要是不按照這些規矩來，地位比你高的人隨時隨地可以翻臉不認人，治你個大不敬之罪，你也是有口難言的。因此，規矩時時刻刻要牢記，不管走到哪裡，都要提醒自己按規矩辦事。即便在你和皇后請安之後，皇后裝模作樣地說：「自家姊妹，不用行如此大的禮，妹妹太客氣了。」你也只能聽聽作數，不能當眞，下次請安，該怎麼行禮還得怎麼行禮，不然，小心皇后坑死你。

再有，就是干政的問題了。「後宮不得干政」是大清開國就立下的規矩。女人在後宮好吃好喝，生生孩子看看戲就行了，男人的事情說那麼多幹什麼。可偏偏就有那麼些女人，權力欲很重，或者自恃讀過幾本書，懂得些歷史知識，就在皇帝旁邊嘰嘰喳喳給意見。要小心嘍！皇帝寵你的時候，你說的話人家會放在心上，你犯的錯誤，人家不會跟你計較。但他要是不寵你的時候呢？

何況，有皇帝寵愛，自然就有其他人嫉妒。也許你給老公點建議，老公聽著豁然開朗。但傳到了其他嬪妃耳朵裡，這就是你的小辮子了，人家倘若抓著不放，告到皇太后和皇后那裡，治你個後宮干政的大不敬之罪，皇帝也是無可奈何的。

Fantastic 18

你不知道的大清後宮真相

原著書名 / 大清后宮生存指南
作　　者 / 林月
原出版社 / 北京興盛樂書刊發行有限責任公司
企劃選書 / 劉枚瑛
責任編輯 / 劉枚瑛

版　　權 / 黃淑敏、翁靜如
行銷業務 / 張媖茜、黃崇華
總 編 輯 / 何宜珍
總 經 理 / 彭之琬
發 行 人 / 何飛鵬
法律顧問 / 元禾法律事務所 王子文律師
出　　版 / 商周出版
台北市104中山區民生東路二段141號9樓
電話：(02) 2500-7008　傳眞：(02) 2500-7759
E-mail：bwp.service@cite.com.tw
Blog：http://bwp25007008.pixnet.net./blog
發　　行 / 英屬蓋曼群島商家庭傳媒股份有限公司城邦分公司
台北市104中山區民生東路二段141號2樓
書虫客服專線：(02)2500-7718、(02) 2500-7719
服務時間：週一至週五上午09:30-12:00；下午13:30-17:00
24小時傳眞專線：(02) 2500-1990；(02) 2500-1991
劃撥帳號：19863813　戶名：書虫股份有限公司
讀者服務信箱：service@readingclub.com.tw
城邦讀書花園：www.cite.com.tw
香港發行所 / 城邦（香港）出版集團有限公司
香港灣仔駱克道193號超商業中心1樓
電話：(852) 25086231傳眞：(852) 25789337
E-mailL：hkcite@biznetvigator.com
馬新發行所 / 城邦(馬新)出版集團【Cité (M) Sdn. Bhd】
41, Jalan Radin Anum, Bandar Baru Sri Petaling, 57000 Kuala Lumpur, Malaysia.
電話：(603)90578822　傳眞：(603)90576622　E-mail：cite@cite.com.my

美術設計 / COPY
封面插畫 / 袁燕華
印　　刷 / 卡樂彩色製版有限公司
經 銷 商 / 聯合發行股份有限公司　電話：(02)2917-8022　傳眞：(02)2911-0053

2018年（民107）11月06日初版
2020年（民109）12月15日初版5刷
定價350元　Printed in Taiwan
ISBN 978-986-477-541-5

國家圖書館出版品預行編目(CIP)資料

你不知道的大清後宮眞相 / 林月著. -- 初版. – 臺北市：商周出版：家庭傳媒城邦分公司發行,
民107.11　336面；14.8×21公分. -- (Fantastic；18)
ISBN 978-986-477-541-5(平裝)　1. 宮廷制度　2. 清史　3. 通俗史話　627　107016038